한국도로
교통공단

직무능력검사

한국도로교통공단

직무능력검사

개정3판 인쇄   2025년 6월 30일

개정3판 발행   2025년 7월 2일

편 저 자 | 취업적성연구소

발 행 처 | ㈜서원각

등록번호 | 1999-1A-107호

주   소 | 경기도 고양시 일산서구 덕산로 88-45(가좌동)

교재주문 | 031-923-2051

팩   스 | 031-923-3815

교재문의 | 카카오톡 플러스 친구[서원각]

홈페이지 | goseowon.com

PREFACE

우리나라 기업들은 1960년대 이후 현재까지 비약적인 발전을 이루었다. 이렇게 급속한 성장을 이룰 수 있었던 배경에는 우리나라 국민들의 근면성 및 도전정신이 있었다. 그러나 빠르게 변화하는 세계 경제의 환경에 적응하기 위해서는 근면성과 도전정신 이외에 또 다른 성장 요인이 필요하다.

한국기업들이 지속가능한 성장을 하기 위해서는 혁신적인 제품 및 서비스 개발, 선도 기술을 위한 R&D, 새로운 비즈니스 모델 개발, 효율적인 기업의 합병·인수, 신사업 진출 및 새로운 시장 개발 등 다양한 대안을 구축해 볼 수 있다. 하지만, 이러한 대안들 역시 훌륭한 인적자원을 바탕으로 할 때에 가능하다. 최근으로 올수록 기업체들은 자신의 기업에 적합한 인재를 선발하기 위해 기존의 학벌 위주의 채용을 탈피하고 기업 고유의 인·적성검사 제도를 도입하고 있는 추세이다.

도로교통공단 교통직에서도 업무에 필요한 역량 및 책임감과 적응력 등을 구비한 인재를 선발하기 위하여 고유의 직무능력검사를 치르고 있다. 본서는 도로교통공단 교통직 필기시험을 위한 필독서로 도로교통공단 교통직 필기시험의 출제경향을 철저히 분석하여 응시자들이 보다 쉽게 시험유형을 파악하고 효율적으로 대비할 수 있도록 구성하였다.

신념을 가지고 도전하는 사람은 반드시 그 꿈을 이룰 수 있습니다. 처음에 품은 신념과 열정이 취업 성공의 그 날까지 빛바래지 않도록 서원각이 수험생 여러분을 응원합니다.

STRUCTURE

직무능력검사

다양한 유형의 출제예상문제를 다수 수록하여 실전에 완벽하게 대비할 수 있습니다.

인성검사

인성검사의 개요와 실제 인성검사 유형과 유사한 실전 인성검사를 수록하여 인성검사에 대한 전반적인 이해와 실전 능력을 키울 수 있도록 하였습니다.

면접

면접의 기본을 통해 면접에 대한 전반적인 이해를 도울 수 있도록 하였고 실례와 도로교통공단의 면접기출을 수록하여 면접을 완벽 대비할 수 있습니다.

CONTENTS

PART I 도로교통공단 소개

01 공단소개 ·· 8
02 채용안내 ·· 10

PART II 직무능력검사

01 언어력 ·· 16
02 수리력 ·· 40
03 문제해결력 ·· 66
04 상황판단력 ·· 90
05 사물지각력 ·· 106

PART III 인성검사

01 인성검사 개요 ·· 130
02 실전 인성검사 ·· 147

PART IV 면접

01 면접의 기본 ··· 158
02 면접기출 ··· 173

01 공단소개

02 채용안내

PART

01

한국도로교통공단 소개

(1) 소개

한국도로교통공단은 교통안전 전담기관으로서 도로교통사고로부터 국민이 안전하고 행복한 세상을 만들기 위해 최선의 노력을 다하겠습니다.

(2) 일반현황

① **미션** … 우리는 도로교통사고로부터 국민이 안전하고 행복한 세상을 만든다.

② **비전** … 이동하는 모든 순간, 안전과 편리를 더하는 국민의 KoROAD

③ **경영목표** … 교통사고 사망자 수 50% 감축, 자율·핵심·소통 경영체계 구축

④ **전략목표 및 전략과제**

전략방향	교통약자 우선 안전문화 확산	교통안전 관리체계 확립	미래교통 문제해결 역량 강화	2050 지속가능 미래경영 구현
	핵심가치		경영방침	
	안전, 소통, 책임, 열정		화합, 안심, 미래, 참여	
전력과제	• 교통약자를 보호하는 안전문화 정착 • 도로이용자법 맞춤형 교통안전교육 강화 • 국민과 함께하는 참여형 방송 홍보 활성화	• 안전하고 편리한 교통환경 조성 • 국민이 신뢰하는 운전면허제도 관리 • 교통사고를 예방하는 교통안전 인프라 개선	• 교통안전 문제해결 연구 및 대외협력 강화 • 자율주행 기반 미래 교통안전 관리 • 디지털 혁신을 통한 국민 안전 제고	• 민간주도 성장을 지원하는 사회적 책임 실천 • 2050 미래 대응 조직 역량 강화 • 노사 협력을 통한 공정·존중 문화 확산

(3) 핵심가치

함께하는 안전과 소통, 실천하는 책임과 열정	
최우선 가치 안전	나와 국민을 위해 지향해야 할 최우선 가치 "국민안전을 위해 도로상에서의 위험과 장애를 예방하고, 업무수행 시 안전사고 예방을 최우선으로 한다."
국민과 동료 소통	국민과 동료 관계에서 추구해야 할 가치 "국민의 다양한 의견을 경청하고 동료를 존중하며, 서로의 의견을 정확하게 공유한다."
공직자 자세 책임	공공기관 종사자로서 업무처리 시 자세 "국민안전을 위해 일하는 공공기관 종사자로서, 자긍심을 갖고, 맡은 바 임무에 최선을 다한다."
미래대비 열정	급변하는 대내외 환경에서 지속가능성장을 위한 노력 "환경변화에 적극적으로 대처하며, 조직 목표를 달성하고자 스스로 학습하며, 동료들과 협력한다."

최우선 가치 안전	국민과 동료 소통	공직자 자세 책임	미래대비 열정
업무 수행시 안전을 최우선 가치로 한다.	국민과 동료의 의견을 경청하고 공감한다.	공과 사를 구분하고, 규정과 절차를 준수한다.	새로운 방식으로 더 나은 결과를 만든다.
국민의 안전요구를 정확하게 파악 · 해결한다.	업무관련 정보와 자료를 공유하고 활용한다.	업무처리 규정(메뉴얼)을 숙지 · 준수한다.	미래변화에 선제적으로 대응한다.
작업 안전사고 예방 매뉴얼을 숙지 · 준수한다.	먼저 본 사람이 밝게 인사한다.	임직원 청렴 행동수칙을 숙지 · 준수한다.	자신의 일에 긍지를 갖고, 최고를 추구한다.
일상생활에서 교통법규를 준수한다.	존칭과 존댓말 및 쿠션언어를 사용한다.	국민을 위해 헌신하며, 국민의 불편을 해결한다.	자기 계발을 통해 업무 전문성을 키운다.

Chapter 02 채용안내

(1) 채용안내

① 전형절차

㉠ 진행절차

서류전형		필기시험		면접시험		조건부 근무
서류심사	▶ 10배수	인성검사 직무능력검사	▶ 3배수	(그룹)경험 · 상황면접	▶ 1배수	3개월 내외 근무 중 근무평가를 통해 임용

㉡ 전형별 동점자 처리기준
- 서류전형 및 필기전형 : 동점자 전원 합격처리
- 면접전형 : 국가보훈대상자 > 필기시험 우수자 > 면접시험 우수자 순

② 전형별 세부사항

㉠ 서류전형
- 평가기준 : 직무자격증, 우대사항
- 합격자 선발 : 서류전형 평정요소를 합산한 총점 고득점자 순으로 결정
  ※ 자기소개서 불성실 기재자(미기재 · 동일문구 반복기재 등)의 경우 불합격 처리

㉡ 필기시험
- 평가기준

구분	주요내용
인성검사 (45분)	• 출제문항 : 310문항 내외 • 적부판단 : 최하등급인 자는 탈락 처리
직무능력검사 (60분)	• 출제영역 : 언어력, 수리력, 문제해결력, 상황판단력, 사물지각력 • 출제문항 : 55문항(언어력 등 4개 영역 × 10문항, 수리력 × 15문항) • 출제수준 : 전문학사수준의 난이도(단시간분야는 고졸수준 난이도)

- 합격자 선발 : 직무능력검사점수에 가점을 더하여 합격자 결정
  ※ 직무능력검사점수의 100점 만점 기준 40점 미만의 경우 과락 적용

㉢ 면접시험
- 평가기준

전형방식	주요내용
그룹 경험 · 상황면접	• 인성, 기초직업능력 및 전문직무능력 등 종합적 심사

- 합격자 선발 : 필기시험 점수(60%)와 면접시험 점수(40%)를 합산한 점수에 가점을 더하여 합격자 결정
  ※ 모집분야별 적격자가 없을 경우에는 합격자 미선발 가능

② 신체검사 : 최종합격자에 한해 임용 전·후 개별적으로 실시하고, 병원장 발급의 「채용신체검사서」 제출
※ 신체검사결과 해당 직무를 수행할 수 없다고 판단되는 경우에는 인사위원회 심의를 통해 합격(임용) 취소 가능

(2) 채용조건

모집군	세부조건
공통	• 교통직(무기계약직) – 조건부 기간 동안 공단 보수규칙에 준해 보수 지급 – 조건부 기간(3개월 내외) 종료 후 근무성적이 60점 이상이면 조건부 해제 및 채용예정 직급으로 전환

(4) 지원자격

① 공통 지원자격

　㉠ 연령 제한 없음(단, 입사예정일 현재 공단 정년인 만 60세 미만인 자)

　㉡ 최종 합격자 발표 후 입사예정일로부터 근무가능한 자

　㉢ 남자의 경우 병역을 필하였거나, 면제자(임용예정일 이전 전역예정자 포함)

　㉣ 공단 「인사규정」 제18조에 따른 결격사유가 없는 자

　　• 피성년후견인 및 피한정후견인

　　• 파산선고를 받고 복권되지 아니한 사람

　　• 금고 이상의 실형을 선고받고 그 집행이 종료되거나 집행을 받지 아니하기로 확정된 후 5년을 경과하지 아니한 사람

　　• 금고 이상의 형을 선고받고 그 집행유예 기간이 끝난 날부터 2년이 지나지 아니한 사람

　　• 금고 이상의 형의 선고유예를 받은 경우에 그 선고유예 기간 중에 있는 사람

　　• 「성폭력범죄의 처벌 등에 관한 특례법」 제2조에 규정된 죄를 범한 사람으로서 100만원 이상의 벌금형을 선고받고 그 형이 확정된 후 3년이 지나지 아니한 사람

　　• 미성년자에 대한 다음 각 목의 어느 하나에 해당하는 죄를 저질러 파면·해임되거나 형 또는 치료감호를 선고받아 그 형 또는 치료감호가 확정된 사람(집행유예를 선고 받은 후 그 집행유예기간이 경과한 사람을 포함한다.)

　　– 「성폭력범죄의 처벌 등에 관한 특례법」 제2조에 따른 성폭력범죄

　　– 「아동·청소년의 성보호에 관한 법률」 제2조 제2호에 따른 아동·청소년 대상 성범죄

　　• 법률에 의하여 공민권이 정지 또는 박탈된 자

　　• 병역을 기피한 자 또는 불명예 제대자

　　• 징계에 의하여 파면의 처분을 받은 날로부터 5년, 해임의 처분을 받은 날로부터 3년이 경과하지 아니한 자

　　• 「부패방지 및 국민권익위원회의 설치와 운영에 관한 법률」 제82조(비위면직자 등의 취업제한)에 해당하는 자

　　• 공공기관에서 부정한 방법으로 채용된 사실이 적발되어 면직 또는 채용이 취소된 날로부터 5년이 경과하지 아니한 자

　　• 기타 중대한 결격사유로 퇴직하여 직원으로 채용함이 부적격하다고 인정되는 자

② 퇴직공직자의 취업제한

  ㉠ 공단은 「공직자 윤리법」에 따라 '15.3.31. 취업제한기관으로 고시.

  ㉡ 재산등록의무자로 입사예정일 기준 3년 이내 퇴직공무원은 공단에서 '취업예정확인서'를 발급받아 공직
자윤리위원회의 취업심사를 득해야 함

    ※ 공단 발급 '취업예정확인서'는 공직자윤리위원회 심의서류로 공단 임용과는 무관함.

    • 퇴직공무원(재산등록의무자)으로 공직자윤리위원회 취업심사를 득하지 않고 최종합격 또는 임용된 경우,
「공직자 윤리법」 제17·18조에 의해 그 최종합격·임용이 취소될 수 있음

③ 응시자격 요건

  ㉠ 일반 모집군 세부내역

모집분야	세부응시자격
교통시스템(4급)	• 교통, 도시, 컴퓨터, 전기/전자 정보통신 관련 학사학위 소지자

교통신호운영(4급)	• 학력, 전공제한 없음
	• 자동차운전면허증(2종 보통 이상) 소지자로서 다음 자격 중 한 가지 이상을 충족하는 자
	  – 토목, 도시계획, 교통, 정보처리, 전기, 전자, 무선설비 기사 이상 자격증 중 한 가지
	    이상 소지자

교통단속장비(4급)	• 학력, 전공제한 없음
	• 자동차운전면허증(1종 보통 이상) 소지자로서 다음 자격 중 한 가지 이상을 충족하는 자
	  – 전기, 전기공사, 전자, 전파전자통신, 교통, 도시계획, 무선설비, 전자계산기(조직응용),
	    정보통신, 정보처리 종목의 기사 이상 자격증 중 한 가지 이상 소지자

교통단속장비(5급)	• 학력, 전공제한 없음 • 자동차운전면허증(1종 보통 이상) 소지자
교육지원(5급)	• 학력, 전공제한 없음 • 자동차운전면허증(2종 보통 이상) 소지자
제보접수(5급)	• 학력, 전공제한 없음 • 자동차운전면허증(2종 보통 이상) 소지자
방송기술(5급)	• 학력, 전공제한 없음 • 자동차운전면허증(2종 보통 이상) 소지자
운전면허(5급)	• 학력, 전공제한 없음 • 자동차운전면허증(2종 보통 이상) 소지자

  ＊ 연구업무 관련 분야로 학사 이상 관련 학과(전공)로 제한

ⓛ 사회형평(제한) 모집군 세부내역

모집분야		세부응시자격
행정지원 (5급)	보훈	• 「국가유공자 등 예우 및 지원에 관한 법률」 및 이를 준용하는 법률에 의한 취업보호(지원)대상자 • 학력, 전공제한 없음 • 자동차운전면허증(2종 보통 이상) 소지자
교통단속장비 (5급)	보훈	• 「국가유공자 등 예우 및 지원에 관한 법률」 및 이를 준용하는 법률에 의한 취업보호(지원)대상자 • 학력, 전공제한 없음 • 자동차운전면허증(1종 보통 이상) 소지자
운전면허 (5급)	보훈	• 「국가유공자 등 예우 및 지원에 관한 법률」 및 이를 준용하는 법률에 의한 취업보호(지원)대상자 • 학력, 전공제한 없음 • 자동차운전면허증(2종 보통 이상) 소지자
	자립준비청년 (보호종료아동)	• 접수마감일 기준 「아동복지법」에 따른 자립지원대상자로서 보호조치가 종료되거나 보호시설을 퇴소한지 5년 이내인자 • 학력, 전공제한 없음 • 자동차운전면허증(2종 보통 이상) 소지자

01 언어력

02 수리력

03 문제해결력

04 상황판단력

05 사물지각력

PART

02

직무능력검사

1 다음을 읽고 우리가 음식물을 통해 필수아미노산을 공급해줘야 하는 이유로 가장 옳은 것은?

> 단백질이 지속적으로 분해됨에도 불구하고 체내 단백질의 총량이 유지되거나 증가할 수 있는 것은 세포 내에서 단백질 합성이 끊임없이 일어나기 때문이다. 단백질 합성에 필요한 아미노산은 세포 내에서 합성되거나, 음식으로 섭취한 단백질로부터 얻거나, 체내 단백질을 분해하는 과정에서 생성된다. 단백질 합성에 필요한 아미노산 중 체내에서 합성할 수 없어 필요량을 스스로 충족할 수 없는 것을 필수아미노산이라고 한다. 어떤 단백질 합성에 필요한 각 필수아미노산의 비율은 정해져 있다. 체내 단백질 분해를 통해 생성되는 필수아미노산도 다시 단백질 합성에 이용되기도 하지만, 그 양이 부족하면 전체의 체내 단백질 합성량이 줄어들게 된다. 다만 성인과 달리 성장기 어린이의 경우, 체내에서 합성할 수는 있으나 그 양이 너무 적어서 음식물로 보충해야 하는 아미노산도 필수아미노산에 포함된다.

① 필수아미노산의 재활용으로 인한 변형 단백질 생성을 막기 위해
② 아미노산의 부족으로 단백질 합성이 불균형하게 일어나는 것을 줄이기 위해
③ 계속적인 단백질 합성을 통해 체내 단백질 총량을 유지하기 위해
④ 음식물에 포함되어 있는 아미노산만이 체내 면역 환경을 안정화 시킬 수 있기 때문에
⑤ 체내에 충분한 아미노산과 부족한 아미노산의 양의 균형을 맞추기 위해

✔ 해설 제시된 글의 첫 문장에서 단백질이 지속적으로 분해되어도 끊임없이 단백질 합성이 일어나 체내 단백질의 총량이 유지될 수 있다고 언급하고 있다. 단백질 합성을 위해 필요한 필수아미노산을 음식물을 통해 공급하여 원활한 단백질 합성이 이루어지도록 해야하므로 ③이 적절하다.

2 다음의 내용을 논리적 흐름이 자연스럽도록 순서대로 배열한 것은?

> ⊙ 이에 대표적인 것은 대장균이다.
> ⊙ 그렇기 때문에 대장균이 속해 있는 비슷한 세균군을 모두 검사하여 분변오염 여부를 판단하고, 이 세균군을 총대장균군이라고 한다.
> ⓒ 식수가 분변으로 오염되어 있다면 분변에 있는 병원체 수와 비례하여 존재하는 비병원성 세균을 지표생물로 이용한다.
> ⓔ 그러나 온혈동물에게서 배설되는 비슷한 종류의 다른 세균들을 배제하고 대장균만을 측정하기는 어렵다.
> ⓜ 대장균은 그 기원이 전부 동물의 배설물에 의한 것이므로, 시료에서 대장균의 균체 수가 일정 기준보다 많이 검출되면 그 시료에는 인체에 유해할 만큼의 병원체도 존재한다고 추정할 수 있다.

① ㉠ - ㉢ - ㉣ - ㉡ - ㉤
② ㉡ - ㉣ - ㉢ - ㉤ - ㉠
③ ㉡ - ㉤ - ㉣ - ㉠ - ㉢
④ ㉢ - ㉠ - ㉤ - ㉣ - ㉡
⑤ ㉢ - ㉠ - ㉣ - ㉤ - ㉡

✔**해설** ㉢ 지표생물로 이용하는 비병원성 생물→㉠ 대표적인 비병원성 생물→㉤ 대장균으로 병원체 추정→㉣ 예외적인 예인 온혈동물→㉡ 온혈동물의 대장균측정

3 다음 밑줄 친 ㉠에 대한 이해로 적절하지 못한 것은?

> ㉠취미 판단이란, 대상의 미·추를 판정하는, 미감적 판단력의 행위이다. 모든 판단은 'S는 P이다.'라는 명제 형식으로 환원되는데, 그 가운데 이성이 개념을 통해 지식이나 도덕 준칙을 구성하는 '규정적 판단'에서는 술어 P가 보편적 개념에 따라 객관적 성질로서 주어 S에 부여된다. 이와 유사하게 취미 판단에서도 P, 즉 '미' 또는 '추'가 마치 객관적 성질인 것처럼 S에 부여된다. 하지만 실제로 취미 판단에서의 P는 오로지 판단 주체의 쾌 또는 불쾌라는 주관적 감정에 의거한다. 또한 규정적 판단은 명제의 객관적이고 보편적인 타당성을 지향하므로 하나의 개별 대상뿐 아니라 여러 대상이나 모든 대상을 묶은 하나의 단위에 대해서도 이루어진다. 이와 달리, 취미 판단은 오로지 하나의 개별 대상에 대해서만 이루어진다. 즉 복수의 대상을 한 부류로 묶어 말하는 것은 이미 개념적 일반화가 되기 때문에 취미 판단이 될 수 없는 것이다. 한편 취미 판단은 오로지 대상의 형식적 국면을 관조하여 그것이 일으키는 감정에 따라 미·추를 판정하는 것 이외의 어떤 다른 목적도 배제하는 순수한 태도, 즉 미감적 태도를 전제로 한다. 취미 판단에는 대상에 대한 지식뿐 아니라, 실용적 유익성, 교훈적 내용 등 일체의 다른 맥락이 끼어들지 않아야 하는 것이다.

① 취미 판단의 서술어는 쾌 또는 불쾌라는 주관적인 감정을 담는다.
② '모든 아이들은 아름답다'는 취미 판단이라 할 수 없다.
③ '유용하다, 교육적이다' 등의 술어를 사용한 문장을 취미 판단으로 볼 수 없다.
④ '이 그림에 담긴 싱그러움이 아름답다'는 취미 판단에 해당한다.
⑤ '이 책은 청소년에게 유익하여 좋은 책이다'는 취미 판단에 해당한다.

> ✔ 해설 주어진 글에서 취미 판단은 '대상에 대한 지식뿐 아니라, 실용적 유익성, 교훈적 내용 등 일체의 다른 맥락이 끼어들지 않아야 하는 것'이라고 말하고 있다. 때문에 ⑤에 주어진 책에 대한 판단에 유익성이라는 다른 맥락이 개입하였으므로 취미 판단에 해당한다고 볼 수 없다.

4 다음 글의 내용과 일치하지 않는 것은?

그리스의 대표적 도시국가인 스파르타는 어떤 정치체제를 가지고 있었을까? 정치체제의 형성은 단순히 정치 이념뿐만 아니라 어떤 생활방식을 선택하느냐의 문제와도 연결되어 있다. 기원전 1200년경 남하해온 도리아 민족이 선주민을 정복하여 생긴 것이 스파르타이다. 지배계급과 피지배계급이 스파르타만큼 확실히 분리되고 지속된 도시국가는 없었다. 스파르타에서 지배계급과 피지배계급의 차이는 권력의 유무 이전에 민족의 차이였다.

우선, 지배계급은 '스파르타인'으로 1만 명 남짓한 자유 시민과 그 가족뿐이다. 순수한 혈통을 가진 스파르타인들의 유일한 직업은 군인이었고, 참정권도 이들만이 가지고 있었다. 두 번째 계급은 상공업에만 종사하도록 되어 있는 '페리오이코이'라고 불리는 자유인이다. 이들은 도리아인도, 선주민도 아니었으며, 도리아 민족을 따라와 정착한 타지방 출신의 그리스인이었다. 이들은 시민권을 받지 못했으므로 참정권과 선거권이 없었지만, 병역 의무는 주어졌다. 그리스의 도시국가들에서는 일반적으로 병역에 종사하는 시민에게 참정권이 주어졌다. 하지만, 페리오이코이는 일개 병졸로만 종사했으므로, 스파르타인이 갖는 권리와는 차이가 있었다. 스파르타의 세 번째 계급은 '헬로트'라고 불리는 농노들로, 도리아인이 침략하기 전에 스파르타 지역에 살았던 선주민이다. 이들의 유일한 직업은 스파르타인이 소유한 농장에서 일하는 것으로, 비록 노예는 아니었지만 생활은 비참했다. 이들은 결혼권을 제외하고는 참정권, 사유재산권, 재판권 같은 시민의 권리를 전혀 가지지 못했고, 병역의 의무도 없었다.

스파르타인과 페리오이코이와 헬로트의 인구 비율은 1대 7대 16 정도였다. 스파르타인이 농업과 상공업을 피지배계급들에게 맡기고 오직 군무에만 종사한 것은, 전체의 24분의 1밖에 안 되는 인구로 나머지를 지배해야 하는 상황이 낳은 방책이었을 것이다. 피지배계급들 중에서도 특히 헬로트는 스파르타인에게 적대적인 태도를 보이고 있었다. 이 때문에 스파르타는 우선 내부의 잠재적인 불만 세력을 억압해야 할 필요성이 있었고, 군사대국으로 불리는 막강한 군사력을 가진 나라가 되었던 것이다.

---

① 스파르타에서는 직업을 알면 계급을 알 수 있었다.
② 스파르타에서는 일반적으로 병역 의무를 이행하면 참정권을 얻을 수 있었다.
③ 스파르타의 농노들은 스파르타 건국 이전부터 그 곳에 살고 있던 민족이다.
④ 헬로트는 시민의 권리의 대부분을 소유하지 못하였으나 노예는 아니었다.
⑤ 스파르타에서 시민권을 가진 계급은 오직 하나 뿐이었다.

✔ 해설 ② 그리스의 도시국가들에서는 일반적으로 병역에 종사하는 시민에게는 참정권이 주어졌지만 스파르타에서는 그렇지 않았다.

5 다음 글에서 밑줄 친 법학자의 의견으로 볼 수 없는 것은?

> 명예는 세 가지 종류가 있다. 첫째는 인간으로서의 존엄성에 근거한 고유한 인격적 가치를 의미하는 내적 명예이며, 둘째는 실제 이 사람이 가진 사회적·경제적 지위에 대한 사회적 평판을 의미하는 외적 명예, 셋째는 인격적 가치에 대한 자신의 주관적 평가 내지는 감정으로서의 명예감정이다.
>
> 악성 댓글, 즉 악플에 의한 인터넷상의 명예훼손이 통상적 명예훼손보다 더 심하기 때문에 통상의 명예훼손행위에 비해서 인터넷상의 명예훼손행위를 가중해서 처벌해야 한다는 주장이 일고 있다. 이에 대해 <u>법학자 A</u>는 다음과 같이 주장하였다.
>
> 인터넷 기사 등에 악플이 달린다고 해서 즉시 악플 대상자의 인격적 가치에 대한 평가가 하락하는 것은 아니므로, 내적 명예가 그만큼 더 많이 침해되는 것으로 보기 어렵다. 또한 만약 악플 대상자의 외적 명예가 침해되었다고 하더라도 이는 악플에 의한 것이 아니라 악플을 유발한 기사에 의한 것으로 보아야 한다. 오히려 악플로 인해 침해되는 것은 명예감정이라고 보는 것이 마땅하다. 다만 인터넷상의 명예훼손행위는 그 특성상 해당 악플의 내용이 인터넷 곳곳에 퍼져 있을 수 있어 명예감정의 훼손 정도가 피해자의 정보수집량에 좌우될 수 있다는 점을 간과해서는 안 될 것이다. 구태여 자신에 대한 부정적 평가를 모을 필요가 없음에도 부지런히 수집·확인하여 명예감정의 훼손을 자초한 피해자에 대해서 국가가 보호해줄 필요성이 없다는 점에서 명예감정을 보호해야 할 법익으로 삼기 어렵다. 따라서 인터넷상의 명예훼손이 통상적 명예훼손보다 더 심하다고 보기 어렵다.

① 악플과 내적 명예의 훼손이 직결된다고 보기 어렵다.
② 통상적으로 이야기되는 명예훼손에 대한 악플의 영향력에 동의하지 않는다.
③ 외적 명예의 훼손에 악플보다 더 상관관계가 큰 요인이 있다.
④ 악플로 인해 가장 큰 손상을 입는 것은 명예감정이다.
⑤ 악플로 인한 명예감정 훼손정도는 인터넷의 정보제공량에 따라 좌우된다.

> ✔해설 제시된 글에서 법학자 A는 명예감정의 훼손 정도는 피해자의 정보수집량에 의해 좌우될 수 있다고 말하고 있다.

6

　　오늘날 프랑스 영토의 윤곽은 9세기 샤를마뉴 황제가 유럽 전역을 평정한 후, 그의 후손들 사이에 벌어진 영토 분쟁의 결과로 만들어졌다. 이 분쟁은 동맹군의 승리로 전쟁이 끝나면서 왕자들 사이에 제국의 영토를 분할하는 원칙을 명시한 베르됭 조약이 체결되었다. 영토 분할을 위임받은 로마 교회는 조세 수입이나 영토 면적보다 '세속어'를 그 경계의 기준으로 삼는 것이 더 공정하다는 결론을 내렸다. 그래서 게르만어를 사용하는 지역과 로망어를 사용하는 지역을 각각 루이와 샤를에게 할당했다.

　　루이와 샤를은 베르됭 조약 체결에 앞서 스트라스부르에서 서로의 동맹을 다지는 서약 문서를 상대방이 분할 받은 영토의 세속어로 작성하여 교환하고, 곧이어 각자 자신의 군사들로부터 자신이 분할 받은 영토의 세속어로 충성 맹세를 받았다. 학자들은 두 사람이 서로의 동맹에 충실할 것을 상대측 영토의 세속어로 서약했다는 점에 주목한다. 또한 역사적 자료에 의해 루이와 샤를 모두 게르만어를 모어로 사용하였다는 사실이 알려져 있다. 그러므로 ＿＿＿＿＿＿＿＿＿＿＿＿＿＿＿＿ 게다가 그들의 군대는 필요에 따라 여기 저기서 수시로 징집된 다양한 언어권의 병사들로 구성되어 있었으므로 세속어의 사용이 군사들의 이해를 목적으로 한다는 설명도 설득력이 없다. 결국 학자들은 상대측 영토의 세속어 사용이 상대 국민의 정체성과 그에 따른 권력의 합법성을 상호인정하기 위한 상징행위로서 의미를 갖는다고 결론을 내렸다.

① 게르만어를 사용하는 지역의 영역이 훨씬 컸을 것이다.
② 루이가 샤를보다 계승 서열이 높은 왕자였을 것이다.
③ 세속어의 사용이 국민들이 주권을 가지는데 가장 큰 역할을 한다.
④ 루이와 샤를 중 적어도 한 명은 서약 문서를 자신의 모어로 작성한 것이 아니다.
⑤ 세속어를 적절하게 사용하여 외교에 힘썼다.

　　✔**해설** 제시된 글에서 두 사람이 서로의 동맹에 충실할 것을 상대측 영토의 세속어로 서약했다고 했으므로 ④의 내용이 적절하다.

7

　　과거에는 실제로 존재한다고 간주되던 것들이 오늘날에는 허구적인 것으로 취급받게 된 경우들이 있다. 잘 알려져 있는 것처럼, 과거의 과학자들은 나무가 타는 것과 같은 연소 현상을 설명하기 위해서 플로지스톤 이론을 만들어냈다. 당시 과학자들은 '플로지스톤'이라는 개념을 이용해서 연소 현상을 설명했으며, 플로지스톤이 실제로 존재한다고 생각했다. 하지만 오늘날 플로지스톤이 실제로 존재한다는 것을 믿는 자연과학자는 없으며, 그런 개념은 현대 자연과학에서 사라져 버렸다. 이는 표준적인 현대 화학이론이 '플로지스톤'이라는 개념을 동원하지 않고서도 연소 현상을 플로지스톤 이론보다 더 잘 설명하기 때문이다. 가령 현대 화학이론은 플로지스톤 이론이 설명할 수 있는 현상은 물론, 그보다 훨씬 많은 연소 현상들을 설명해낸다.

　　우리는 '믿음', '욕구' 등과 같은 통속 심리이론 속 개념들도 동일한 운명에 처할 것이라는 점을 알 수 있다. 일상적으로 우리는 행동 현상을 설명하기 위해서 '믿음', '욕구' 등 통속 심리이론에서 다루는 개념들을 사용한다. 예를 들어, 영화관으로 향하는 행동 현상은 영화감상에 대한 '욕구'와 '믿음' 등 통속 심리이론의 개념을 이용해 설명된다. 그런데 오늘날 신경과학이론은 통속 심리이론과 전혀 다른 방식으로 행동 현상을 설명한다. 즉 최근 신경과학이론은 '믿음', '욕구' 등에 호소하지 않고 신경들 사이의 연결과 그 구조를 통해서 인간의 행동 현상을 설명한다. 그렇다면 _____

① 통속 심리이론의 '믿음', '욕구'와 같은 개념들은 과학에서 사라져버릴 것이다.

② '믿음', '욕구'보다 명확하게 행동 현상을 설명할 방법을 찾아야만 한다.

③ 우리는 기존의 개념들이 더 이상 사라지지 않도록 노력해야할 것이다.

④ 앞으로 우리의 과학이 계속해서 변화하고 발전할 것은 자명하다.

⑤ 통속 심리이론에서 인간의 행동 현상을 설명할 더 많은 개념이 생겨 날 것이다.

　　✔해설　제시된 글에서는 과거에는 실제로 존재한다고 간주되던 것들이 오늘날에는 허구적인 것으로 취급받게 된 경우에 대해 말한다. 이를 '플로지스톤'의 예시를 통해 어느 시점에는 존재한다고 믿어지는 것들이 어느 시점에서는 다른 것으로 대체되거나 허구적으로 여겨져 사라지게 된다는 것을 설명하고 있다. 이어지는 문단에서는 과거에 통속 심리이론에 주로 사용하던 개념이 사용되지 않고 있음을 이야기하고 있으므로 빈칸에는 ①의 내용이 오는 것이 적절하다.

8

　　음식은 나라마다 특성이 있으며, 식사 예법 또한 일률적이지 않다. 요리에 필요한 재료와 조미료가 특히 다르며, 음식에 대한 사고 또한 다르다. 일본인은 시각으로 먹고, 인도인은 촉각으로 먹으며, 프랑스인은 미각으로 먹는다. 조용조용 소리 없이 먹는 경우가 대부분이어서 청각이 동원되는 예가 흔치 않지만, 우리의 경우는 다르다. 가령, 우리 여름철 음식의 대명사격인 냉면은 스파게티 가락들을 포크에 돌돌 말아 먹듯 젓가락에 말아 먹어서는 제 맛이 나지 않는다. 젓가락으로 휘휘 둘러서 적당량을 입 끝에 댄 다음 후루룩 입안에 넣어야 제 맛이다. 청각이 동원되어야 하는 음식으로는 총각김치와 오이소박이도 빼놓을 수 없다. _____

① 음식의 특성이 바로 식사 예법을 결정한다.
② 음식의 재료에 따라 먹는 방법이 달라진다.
③ '빨리빨리'의 사고방식을 여기에서도 확인할 수 있다.
④ 먹다 보면 소리가 요란할 수밖에 없는 음식들이다.
⑤ 결국 식사 예법은 모두 비슷하다.

> ✔해설　음식에 대한 사고가 나라마다 다르고, 일본인은 시각으로, 인도인은 촉각으로, 프랑스인은 미각으로 먹는다는 내용이 나왔고 우리나라는 이와 다르게 청각으로 먹는다는 예시를 설명하고 있으므로 ④가 가장 적절하다.

9

　　정보 통신 기술은 컴퓨터를 수단으로 하여 인간의 두뇌와 신경을 비약적으로 확장하였다. 정보 통신 기술의 발달은 전 세계적으로 정치, 경제, 산업, 교육, 의료, 생활양식 등 사회 전반에 걸쳐 혁신적인 변화를 일으키고, 인간관계와 사고방식, 가치관에까지 영향을 미칠 것이 틀림없다. 그러나 그 이면에는 불평등과 불균형을 불러올 위험성도 있다.
　　사회학자 드 세토(De Certeau)는 "_____" 라는 말을 했다. 정보 통신 기술은 우리의 모든 생활 영역에 영향을 미치고 있다. 이 시점에서 우리에게 중요한 것은 정보 통신 기술을 어떻게 활용하느냐이다. 정보 통신 기술이 우리 사회를 변화시키고 있지만, 그 기술의 가치를 이해하고 선택하는 주체는 바로 우리이기 때문이다.

① 인간은 선천적으로 알고자 하는 욕구를 지니고 있으며 기술의 발전이 그 증거이다.
② 정보 통신 기술은 마치 시한폭탄처럼 언제든지 인간의 삶을 파괴할 수 있다.
③ 기술은 마치 거대한 파도처럼 인간의 생활을 순식간에 뒤덮었다.
④ 기술은 문을 열 뿐이고, 그 문에 들어갈지 말지는 인간이 결정한다.
⑤ 기술은 쓴 약과 같아서 받아들이는 데에는 어려움이 있지만 습득한 후에는 유익한 방향으로 이끈다.

> ✔해설　위 글은 정보 통신 기술이 우리 모든 생활 영역에 영향을 미친다고 해도 그 기술을 어떻게 활용하는가의 주체는 인간이라고 말하고 있으므로 빈칸에는 ④번의 내용이 적절하다.

Answer　7.① 8.④ 9.④

10

> 휴리스틱(heuristic)은, 문제를 해결하거나 불확실한 사항에 대해 판단을 내릴 필요가 있지만 명확한 실마리가 없을 경우에 사용하는 편의적 · 발견적인 방법이다. _____
>
> 휴리스틱과 반대되는 것이 알고리즘(algorism)이다. 알고리즘은 일정한 순서대로 풀어나가면 정확한 해답을 얻을 수 있는 방법이다. 삼각형의 면적을 구하는 공식이 알고리즘의 좋은 예이다

① 우리말로는 쉬운 방법, 간편법, 발견법, 어림셈, 또는 지름길 등으로 표현할 수 있다.
② 우리말로는 정확한 해답, 완전한 해결, 빠른 결정 등으로 표현할 수 있다.
③ 우리말로는 비논리적 방법, 원칙을 무시한 방법 등으로 표현할 수 있다.
④ 우리말로는 정도를 지키는 해결방법, 원칙을 중시하는 방법 등으로 표현할 수 있다.
⑤ 우리말로는 신뢰할 수 있는 방법, 오차가 없는 방법 등으로 표현할 수 있다.

✔해설 휴리스틱과 알고리즘을 서로 비교하여 설명하고 있다. 따라서 빈칸에는 휴리스틱에 대한 부연 설명이 나와야 한다. 휴리스틱은 편의적인 방법이라 하였으므로 ①이 가장 적절하다.

┃11~13┃ 다음의 내용을 논리적 흐름이 자연스럽도록 순서대로 배열한 것을 고르시오.

11

> ㉠ 그러나 혐기성 세균의 수는 김치가 익어갈수록 증가하며 결국 많이 익어서 시큼한 맛이 나는 김치에 있는 미생물 중 대부분을 차지한다.
> ㉡ 김치의 발효 과정에 관여하는 미생물에는 여러 종류의 효모, 호기성 세균 그리고 유산균을 포함한 혐기성 세균이 있다.
> ㉢ 갓 담근 김치의 발효가 시작될 때 호기성 세균과 혐기성 세균의 수가 두드러지게 증가하지만, 김치가 익어갈수록 호기성 세균의 수는 점점 줄어들어 나중에는 그 수가 완만하게 증가하는 효모의 수와 거의 비슷해진다.
> ㉣ 김치를 익히는 데 관여하는 균과 매우 높은 산성의 환경에서도 잘 살 수 있는 유산균이 그 예이다.

① ㉠-㉢-㉡-㉣   ② ㉠-㉡-㉣-㉢
③ ㉡-㉢-㉣-㉠   ④ ㉡-㉢-㉠-㉣
⑤ ㉣-㉢-㉠-㉡

✔해설 ㉡ 김치의 발효 과정에 관여하는 미생물-㉢ 김치의 발효 과정에 따른 호기성 세균과 혐기성 세균-㉠ 신김치에서 혐기성 세포-㉣ 김치를 익히는 데 관여하는 균과 매우 높은 산성의 환경에서도 잘 살 수 있는 유산균

12

> ㉠ 임금이 상승하면 직장 밖 활동에 들어가는 시간의 비용이 늘어난다.
> ㉡ 따라서 임금이 늘어난 만큼 일 이외의 활동에 들어가는 시간의 비용도 함께 늘어난다는 것이다.
> ㉢ 스웨덴의 경제학자 스테판 린더는 서구인들이 엄청난 경제성장을 이루고도 여유를 누리지 못하는 이유를 가변적인 시간의 비용을 이용해 논증한다.
> ㉣ 경제가 성장하면 사람들의 시간을 쓰는 방식도 달라진다.
> ㉤ 일하는 데 쓸 수 있는 시간을 영화나 책을 보는 데 소비하면 그만큼의 임금을 포기하는 것이다.

① ㉠ - ㉣ - ㉢ - ㉡ - ㉤ ② ㉠ - ㉢ - ㉣ - ㉡ - ㉤

③ ㉢ - ㉣ - ㉠ - ㉤ - ㉡ ④ ㉢ - ㉠ - ㉣ - ㉤ - ㉡

⑤ ㉣ - ㉡ - ㉠ - ㉢ - ㉤

✔해설 ㉢ 스테판 린더의 주장 - ㉣ 경제 성장에 따라 시간의 이용 방식이 변화함 - ㉠ 임금의 상승이 시간의 비용을 증대 시킴 - ㉤ 시간의 소비가 임금의 포기와 이어지게 됨 - ㉡ 다시 말해 임금의 증가는 시간의 비용도 증가 시킴

13

> (가) 사물은 저것 아닌 것이 없고, 또 이것 아닌 것이 없다. 이쪽에서 보면 모두가 저것, 저쪽에서 보면 모두가 이것이다.
> (나) 그러므로 저것은 이것에서 생겨나고, 이것 또한 저것에서 비롯된다고 한다. 이것과 저것은 저 혜시(惠施)가 말하는 방생(方生)의 설이다.
> (다) 그래서 성인(聖人)은 이런 상대적인 방법에 의하지 않고, 그것을 절대적인 자연의 조명(照明)에 비추어 본다. 그리고 커다란 긍정에 의존한다. 거기서는 이것이 저것이고 저것 또한 이것이다. 또 저것도 하나의 시비(是非)이고 이것도 하나의 시비이다. 과연 저것과 이것이 있다는 말인가. 과연 저것과 이것이 없다는 말인가.
> (라) 그러나 그, 즉 혜시(惠施)도 말하듯이 삶이 있으면 반드시 죽음이 있고, 죽음이 있으면 반드시 삶이 있다. 역시 된다가 있으면 안 된다가 있고, 안 된다가 있으면 된다가 있다. 옳다에 의거하면 옳지 않다에 기대는 셈이 되고, 옳지 않다에 의거하면 옳다에 의지하는 셈이 된다.

① (가) - (나) - (다) - (라) ② (가) - (나) - (라) - (다)

③ (가) - (다) - (나) - (라) ④ (가) - (라) - (나) - (다)

⑤ (가) - (다) - (라) - (나)

✔해설 (가) 사물은 이쪽에서 보면 모두가 저것, 저쪽에서 보면 모두가 이것이다 → (나) 그러므로 저것은 이것에서 생겨나고, 이것 또한 저것에서 비롯되는데 이것과 저것은 혜시가 말하는 방생의 설이다 → (라) 그러나 혜시도 말하듯이 '삶과 죽음', '된다와 안 된다', '옳다와 옳지 않다'처럼 상대적이다 → (다) 그래서 성인은 상대적인 방법이 아닌 절대적인 자연의 조명에 추어 커다란 긍정에 의존한다.

Answer 10.① 11.④ 12.③ 13.②

14 다음 제시문을 바탕으로 '공부'에 관한 글을 쓰려고 할 때, 이끌어 낼 수 있는 내용으로 적절하지 않은 것은?

> 자전거를 쓰러뜨리지 않고 잘 타려면 기울어지는 쪽으로 방향을 틀면서 균형을 잡되, 멈추지 않고 계속 앞으로 가야만 한다. 그런데 실제로는 이런 원리를 아는 것보다 직접 타 보면서 연습하는 것이 더 중요하다. 이때 만약 자전거를 처음 배운다면 누군가 뒤에서 잡아주는 것이 좀 더 효율적이다. 뒤에서 잡아주다가 타는 사람도 모르게 살며시 놓아주게 되면 타는 사람은 어느새 자신도 모르게 균형을 잡고 자전거를 탈 수 있기 때문이다. 그리고 이렇게 배운 자전거로 더 멀리 가려면 튼튼한 체력이 뒷받침되어야 한다.

① 공부를 잘 하려면 지속적으로 해야 한다.

② 체계적인 공부를 위해 시간 관리를 잘 해야 한다.

③ 스스로 공부할 수 있도록 도움을 받는 것도 필요하다.

④ 목표를 달성할 때까지 공부하려면 건강을 잘 돌봐야 한다.

⑤ 공부가 중단되지 않게 하려면 취약한 부분을 보완해야 한다.

✔ 해설 ② 제시문에서는 '시간 관리'를 이끌어 낼 수 있는 내용이나 근거가 제시되지 않았다.
　　　① 멈추지 않고 계속 앞으로 가야한다는 내용을 통해 이끌어 낼 수 있다.
　　　③ 자전거를 처음 배울 때는 누군가 뒤에서 잡아 주는 것이 효율적이라는 내용을 통해 이끌어 낼 수 있다.
　　　④ 더 멀리 있는 목적지를 가기 위해선 튼튼한 체력이 뒷받침되어야 한다는 내용을 통해 이끌어 낼 수 있다.
　　　⑤ 자전거가 기울어지는 쪽으로 핸들의 방향을 틀어야 한다는 내용을 통해 이끌어 낼 수 있다.

15 다음 글에서 제시하고 있는 '융합'의 사례로 보기 어려운 것은?

> 1980년 이후에 등장한 과학기술 분야의 가장 강력한 트렌드는 컨버전스, 융합, 잡종의 트렌드이다. 기존의 분야들이 합쳐져서 새로운 분야가 만들어지고, 이렇게 만들어진 몇 가지 새로운 분야가 또 합쳐져서 시너지 효과를 낳는다. 이러한 트렌드를 볼 때 미래에는 과학과 기술, 순수과학과 응용과학의 경계가 섞이면서 새롭게 만들어진 분야들이 연구를 주도한다는 것이다. 나노과학기술, 생명공학, 물질공학, 뇌과학, 인지과학 등이 이러한 융합의 예이다. 연구대학과 국립연구소의 흥망성쇠는 이러한 융합의 경향에 기존의 학문 분과 제도를 어떻게 잘 접목시키느냐에 달려 있다.
>
> 이러한 융합은 과학기술 분야 사이에서만이 아니라 과학기술과 다른 문화적 영역에서도 일어난다. 과학기술과 예술, 과학기술과 철학, 과학기술과 법 등 20세기에는 서로 별개의 영역 사이의 혼성이 강조될 것이다. 이는 급격히 바뀌는 세상에 대한 새로운 철학과 도덕, 법률의 필요성에서 기인한다. 인간의 유전자를 가진 동물이 만들어지고, 동물의 장기가 인간의 몸에 이식도 되고 있다. 생각만으로 기계를 작동시키는 인간-기계의 인터페이스도 실험의 수준을 지나 곧 현실화되는 단계에 와 있다. 인간-동물-기계의 경계가 무너지는 세상에서 철학, 법, 과학 기술의 경계도 무너지는 것이다. 20년 후 과학기술의 세부 내용을 지금 예측하기는 쉽지 않다. 하지만 융합 학문과 학제 간 연구의 지배적 패러다임화, 과학과 타 문화의 혼성화, 사회를 위한 과학 기술의 역할 증대, 국제화와 합동 연구의 증가라는 트렌드는 미래 과학 기술을 특징짓는 뚜렷한 트렌드가 될 것이다.. 그리고 이렇게 배운 자전거로 더 멀리 가려면 튼튼한 체력이 뒷받침되어야 한다.

① 유전공학, 화학 독성물, 태아 권리 등의 법적 논쟁에 대한 날카로운 분석을 담은 책
② 과학자들이 이룬 연구 성과들이 어떻게 재판의 사실 인정 기준에 영향을 주는가를 탐색하고 있는 책
③ 과학기술과 법이 만나고 충돌하는 지점들을 탐구하고, 미래의 지속가능한 사회를 위한 둘 사이의 새로운 관계를 제시한 책
④ 과학은 신이 부여한 자연법칙을 발견하는 것이며, 사법 체계도 보편적인 자연법의 토대 위에 세워진 것이라는 주장을 펴는 책
⑤ 과학자는 과학의 발전 외에 인류의 행복이나 복지 등에는 그리 관심이 많지 않다는 전제 하에 과학 기술에 대해 평가할 수 있도록 법조인에게 과학 교육이 필요함을 주장한 책

> ✔해설 ④ 제시문에서 '융합'은 '경계가 섞이면서 새로운 분야를 만들어내는 것'이라고 하였지만 ④에서는 기존의 '자연법에 과학과 사법을 묶은 것이라고 보고 있으므로 옳지 않다.

┃16~18┃ 다음 제시된 글을 읽고 물음에 답하시오.

정부나 기업이 사업에 투자할 때에는 현재에 투입될 비용과 미래에 발생할 이익을 비교하여 사업의 타당성을 진단한다. 이 경우 물가 상승, 투자 기회, 불확실성을 포함하는 할인의 요인을 고려하여 미래의 가치를 현재의 가치로 환산한 후, 비용과 이익을 공정하게 비교해야 한다. 이러한 환산을 가능케 해 주는 개념이 할인율이다. 할인율은 이자율과 유사하지만 역으로 적용되는 개념이라고 생각하면 된다. 현재의 이자율이 연 10%라면 올해의 10억 원은 내년에는 (1+0.1)을 곱한 11억 원이 되듯이, 할인율이 연 10%라면 내년의 11억 원의 현재 가치는 (1+0.1)로 나눈 10억 원이 된다.

공공사업의 타당성을 진단할 때에는 대개 미래 세대까지 고려하는 공적 차원의 할인율을 적용하는데, 이를 사회적 할인율이라고 한다. 사회적 할인율은 사회 구성원이 느끼는 할인의 요인을 정확하게 파악하여 결정하는 것이 바람직하나, 이것은 현실적으로 매우 어렵다. 그래서 시장 이자율이나 민간 자본의 수익률을 사회적 할인율로 적용하자는 주장이 제기된다.

시장 이자율은 저축과 대출을 통한 자본의 공급과 수요에 의해 결정되는 값이다. 저축을 하는 사람들은 원금을 시장 이자율에 의해 미래에 더 큰 금액으로 불릴 수 있고, 대출을 받는 사람들은 시장 이자율만큼 대출금에 대한 비용을 지불한다. 이때의 시장 이자율은 미래의 금액을 현재 가치로 환산할 때의 할인율로도 적용할 수 있으므로, 이를 사회적 할인율로 간주하자는 주장이 제기되는 것이다. 한편 민간 자본의 수익률을 사회적 할인율로 적용하자는 주장은, 사회 전체적인 차원에서 공공사업에 투입될 자본이 민간 부문에서 이용될 수도 있으므로, 공공사업에 대해서도 민간 부문에서만큼 높은 수익률을 요구해야 한다는 것이다.

그러나 시장 이자율이나 민간 자본의 수익률을 사회적 할인율로 적용하자는 주장은 수용하기 어려운 점이 있다. 우선 ㉠공공 부문의 수익률이 민간 부문만큼 높다면, 민간 투자가 가능한 부문에 굳이 정부가 투자할 필요가 있는가 하는 문제가 제기될 수 있다. 더욱 중요한 것은 시장 이자율이나 민간 자본의 수익률이, 비교적 단기적으로 실현되는 사적 이익을 추구하는 자본 시장에서 결정된다는 점이다. 반면에 사회적 할인율이 적용되는 공공사업은 일반적으로 그 이익이 장기간에 걸쳐 서서히 나타난다. 이러한 점에서 공공사업은 미래 세대를 배려하는 지속 가능한 발전의 이념을 반영한다. 만일 사회적 할인율이 시장 이자율이나 민간 자본의 수익률처럼 높게 적용된다면, 미래 세대의 이익이 저평가되는 셈이다. 그러므로 사회적 할인율은 미래 세대를 배려하는 공익적 차원에서 결정되는 것이 바람직하다.

16 윗글의 글쓴이가 상정하고 있는 핵심적인 질문으로 가장 적절한 것은?

① 시장 이자율과 사회적 할인율은 어떻게 관련되는가?
② 자본 시장에서 미래 세대의 몫을 어떻게 고려해야 하는가?
③ 사회적 할인율이 민간 자본의 수익률에 어떤 영향을 미치는가?
④ 공공사업에 적용되는 사회적 할인율은 어떤 수준에서 결정되어야 하는가?
⑤ 공공 부문이 수익률을 높이기 위해서는 민간 부문과 어떻게 경쟁해야 하는가?

> **✔해설** 글쓴이는 사회적 할인율이 공공사업의 타당성을 진단할 때 사용되는 개념이며 미래 세대까지 고려하는 공적 차원의 성격을 갖고 있음을 밝히고 있으며 이런 면에서 사회적 할인율을 결정할 때 시장 이자율이나 민간 자본의 수익률과 같은 사적 부문에 적용되는 요소들을 고려하자는 주장에 대한 반대 의견과 그 근거를 제시하고 있다. 또한 사회적 할인율은 공익적 차원에서 결정되어야 한다는 자신의 견해를 제시하고 있으므로 사회적 할인율을 결정할 때 고려해야 할 수준에 대해 언급한 질문이 가장 핵심적인 질문이라 할 수 있다.

17 ㉠이 전제하고 있는 것은?

① 민간 투자도 공익성을 고려해서 이루어져야 한다.
② 정부는 공공 부문에서 민간 투자를 선도하는 역할을 해야 한다.
③ 공공 투자와 민간 투자는 동등한 투자 기회를 갖는 것이 바람직하다.
④ 정부는 공공 부문에서 민간 자본의 수익률을 제한하는 것이 바람직하다.
⑤ 정부는 민간 기업이 낮은 수익률로 인해 투자하기 어려운 공공 부문을 보완해야 한다.

> ✔해설 ㉠은 '실제로 공공 부문의 수익률이 민간 부문보다 높지 않다'는 정보와 '정부는 공공 부문에 투자해야 한다'는 정보를 연상할 수 있다. 따라서 '정부는 낮은 수익률이 발생하는 공공 부문에 투자해야 한다'는 내용을 전제로 하므로 ⑤가 가장 적합하다.

18 윗글로 보아 다음의 ⓐ에 대한 판단으로 타당한 것은?

> 한 개발 업체가 어느 지역의 자연 환경을 개발하여 놀이동산을 건설하려고 한다. 해당 지역 주민들은 자연 환경의 가치를 중시하여 놀이동산의 건설에 반대하는 사람들과 지역 경제 활성화를 중시하여 찬성하는 사람들로 갈리어 있다. 그래서 개발 업체와 지역 주민들은 ⓐ놀이동산으로부터 장기간 파급될 지역 경제 활성화의 이익을 추정하고, 이를 현재 가치로 환산한 값을 계산해 보기로 하였다.

① 사업의 전망이 불확실하다고 판단하는 주민들은 낮은 할인율을 적용할 것이다.
② 후손을 위한 환경의 가치를 중시하는 주민들은 높은 할인율을 적용할 것이다.
③ 개발 업체는 놀이동산 개발의 당위성을 확보하기 위해 높은 할인율을 적용할 것이다.
④ 놀이동산이 소득 증진의 좋은 기회라고 생각하는 주민들은 높은 할인율을 적용할 것이다.
⑤ 지역 경제 활성화의 효과가 나타나는 데 걸리는 시간이 길다고 판단되면 낮은 할인율을 적용할 것이다.

> ✔해설 ⓐ는 사업의 활성화로 인한 이익과 현재 가치로 환산한 값을 따지는 것이므로, 제시문에서 소개한 할인율의 개념과 유사하다. 또한 후손을 위한 환경의 가치를 중시하는 주민들은 개발에 대한 부정적인 입장을 취할 것이므로 자연 환경 개발에 대해서는 높은 할인율을 적용하는 것이 적절하다.

영국의 역사가 아놀드 토인비는 「역사의 연구」를 펴내며 역사 연구의 기본 단위를 국가가 아닌 문명으로 설정했다. 그는 예를 들어 영국이 대륙과 떨어져 있을지라도 유럽의 다른 나라들과 서로 영향을 미치며 발전해 왔으므로, 영국의 역사는 그 자체만으로는 제대로 이해할 수 없고 서유럽 문명이라는 틀 안에서 바라보아야 한다고 하였다. 그는 문명 중심의 역사를 이해하기 위한 몇 가지 가설들을 세웠다. 그리고 방대한 사료를 바탕으로 그 가설들을 검증하여 문명의 발생과 성장 그리고 쇠퇴 요인들을 규명하려 하였다.

토인비가 세운 가설들의 중심축은 '도전과 응전', '창조적 소수와 대중의 모방' 개념이다. 그에 의하면 환경의 도전에 대해 성공적으로 응전하는 인간 집단이 문명을 발생시키고 성장시킨다. 여기서 중요한 것은 그 환경이 역경이라는 점이다. 인간의 창의적 행동은 역경을 당해 이를 이겨 내려는 분투 과정에서 발생하기 때문이다.

토인비는 이 가설이 단순하게 도전이 강력할수록 그 도전이 주는 자극의 강도가 커지고 응전의 효력도 이에 비례한다는 식으로 해석되는 것을 막기 위해, 소위 '세 가지 상호 관계의 비교'를 제시하여 이 가설을 보완하고 있다. 즉 도전의 강도가 지나치게 크면 응전이 성공적일 수 없게 되며, 반대로 너무 작을 경우에는 전혀 반응이 나타나지 않고, 최적의 도전에서만 성공적인 응전이 나타난다는 것이다.

이렇게 성공적인 응전을 통해 나타난 문명이 성장하기 위해서는 그 후에도 지속적으로 나타나는 문제, 즉 새로운 도전들을 해결해야 한다. 토인비에 따르면 이를 해결하기 위해서는 그 사회의 창조적 인물들이 역량을 발휘해야 한다. 그러나 이들은 소수이기 때문에 응전을 성공적으로 이끌기 위해서는 다수의 대중까지 힘을 결집해야 한다. 이때 대중은 일종의 사회적 훈련인 '모방'을 통해 그들의 역할을 수행한다.

물론 모방은 모든 사회의 일반적인 특징으로서 문명을 발생시키지 못한 원시 사회에서도 찾아볼 수 있다. 여기에 대해 토인비는 모방의 유무가 중요한 것이 아니라 모방의 방향이 중요하다고 설명한다. 문명을 발생시키지 못한 원시 사회서 모방은 선조들과 구세대를 향한다. 그리고 죽은 선조들은 살아 있는 연장자의 배후에서 눈에 보이지 않게 그 권위를 강화해 준다. 그리하여 이 사회는 인습이 지배하게 되고 발전적 변화가 나타나지 않는다. 반대로 모방이 창조적 소수에게로 향하는 사회에서는 인습의 권위를 인정하지 않으므로 문명이 지속적으로 성장한다.

19 윗글에 나타난 '토인비의 견해'에 대한 이해로 적절한 것은?

① 문명은 최적의 도전에 대한 성공적 응전에서 나타난다.
② 모방의 존재 여부는 문명의 발생과 성장의 기준이 된다.
③ 역사는 국가를 기본 단위로 연구해야 제대로 이해할 수 있다.
④ 환경의 도전이 강력할수록 그에 대한 응전은 더 효과적으로 나타난다.
⑤ 선조에 기대어 기성세대의 권위가 강화되는 사회는 발전적 변화를 겪는다.

> **✔해설** ② 선조들과 구세대를 향한 모방은 문명을 일으킬 수 없다고 했다.
> ③ '역사 연구의 기본 단위를 국가가 아닌 문명으로 설정했다.'고 했다.
> ④ '도전의 강도가 지나치게 크면 응전이 성공적일 수 없게 되며, 반대로 너무 작을 경우에는 전혀 반응이 나타나지 않고, 최적의 도전에서만 성공적인 응전이 나타난다'고 했다.
> ⑤ '문명을 발생시키지 못한 원시 사회서 모방은 선조들과 구세대를 향한다. 그리고 죽은 선조들은 살아 있는 연장자의 배후에서 눈에 보이지 않게 그 권위를 강화해 준다. 그리하여 이 사회는 인습이 지배하게 되고 발전적 변화가 나타나지 않는다.'고 했다.

20 윗글을 바탕으로 다음 제시문을 이해한 내용으로 적절하지 않은 것은?

> 빙하기가 끝나고 나서 세계 여러 지역의 기후는 크게 달라졌다. 서남아시아 일부 초원 지역의 경우는 급속히 사막화가 진행되었다. 이 지역에서 수렵 생활을 하던 이들은 세 가지 서로 다른 길을 걸었다. 첫째 집단은 그대로 머물러 생활양식을 유지하며 겨우 생존만 하다가 멸망의 길로 들어섰다. 둘째 집단은 생활양식만을 변경하여 그 지역에서 유목생활을 하였다. 이들은 문명 단계에는 들어갔으나 더 이상의 발전이 없이 정체되고 말았다. 셋째 집단은 다른 지역인 티그리스, 유프라테스 강 유역으로 이주한 다음, 농경생활을 선택하여 새로운 고대 문명을 일구고 이어지는 문제들도 성공적으로 해결해 나갔다.

① 사막화는 서남아시아 일부 초원 지역 사람들이 당면했던 역경에 해당한다고 보아야겠군.

② 첫째 집단에서는 모방이 작용하는 방향이 선조들과 구세대를 향했다고 보아야겠군.

③ 둘째 집단이 문명을 발생시킨 후 이 집단의 창조적 소수들이 계속된 새로운 도전들을 해결했다고 보아야겠군.

④ 셋째 집단에서는 창조적 소수가 나타났고, 대중의 모방이 그들을 향했다고 보아야겠군.

⑤ 셋째 집단은 생활 터전과 생활양식으로 모두 바꾸는 방식으로 환경의 변화에 응전하여 문명을 발생시켰다고 보아야겠군.

> ✅ **해설** 둘째 집단은 생활양식만을 변경하여 사막화된 지역에서 유목 생활을 지속하였다. 그리하여 이들은 문명 단계에는 들어갔으나 더 이상의 발전이 없이 정체되고 말았다. 때문에 토인비의 견해에 따르면 이 집단은 수렵 생활을 하던 사람들이 급속한 사막화라는 환경적 역경에 대해 성공적인 응전을 통해 문명을 발생시킨 경우라고 할 수 있다. 하지만 성공적인 응전을 통해 문명이 성장하기 위해서는 그 후에도 지속적으로 나타나는 문제를 해결하기 위해 그 사회의 창조적 인물(소수)들이 역량을 발휘해야 한다고 하였는데, 제시문의 둘째 집단은 더 이상 문명의 발전 없이 정체되고 말았다고 하였으므로, 둘째 집단은 그 집단의 창조적 소수들이 계속된 새로운 도전들을 해결했다고 볼 수 없다.

▌21~24 ▌ 다음 글을 읽고 물음에 답하시오.

요즘 시청자들은 자신도 모르는 사이에 간접 광고에 수시로 노출되어 광고와 더불어 살아가는 환경에 놓이게 됐다. 방송 프로그램의 앞과 뒤에 붙어 방송되는 직접 광고와 달리 PPL(product placement)이라고도 하는 간접 광고는 프로그램 내에 상품을 배치해 광고 효과를 거두려 하는 광고 형태이다. 간접 광고는 직접 광고에 비해 시청자가 리모컨을 이용해 광고를 회피하기가 상대적으로 어려워 시청자에게 노출될 확률이 더 높다.

광고주들은 광고를 통해 상품의 인지도를 높이고 상품에 대한 호의적 태도를 확산시키려 한다. 간접 광고에서는 이러한 광고 효과를 거두기 위해 주류적 배치와 주변적 배치를 활용한다. 주류적 배치는 출연자가 상품을 사용·착용하거나 대사를 통해 상품을 언급하는 것이고, 주변적 배치는 화면 속의 배경을 통해 상품을 누출하는 것인데, 시청자들은 주변적 배치보다 주류적 배치에 더 주목하게 된다. 또 간접 광고를 통해 배치되는 상품이 자연스럽게 활용되어 프로그램의 맥락에 잘 부합하면 해당 상품에 대한 광고 효과가 커지는데 이를 맥락 효과라 한다.

우리나라는 1990년대 중반부터 극히 제한된 형태의 간접 광고만을 허용하는 ㉠협찬 제도를 운영해 왔다. 이 제도는 프로그램 제작자가 협찬 업체로부터 경비, 물품, 인력, 장소 등을 제공받아 활용하고 프로그램이 종료될 때 협찬 업체를 알리는 협찬 고지를 허용했다. 그러나 프로그램의 내용이 전개될 때 상품명이나 상호를 보여 주거나 출연자가 이를 언급해 광고 효과를 주는 것은 법으로 금지했다. 협찬 받은 의상의 상표를 보이지 않게 가리는 것은 그 때문이다.

우리나라는 협찬 제도를 그대로 유지하면서 광고주와 방송사 등의 요구에 따라 방송법에 '간접 광고'라는 조항을 신설하여 2010년부터 시행하였다. ㉡간접 광고 제도가 도입된 취지는 프로그램 내에서 광고를 하는 행위에 대해 법적인 규제를 완화하여 방송 광고 산업을 활성화하겠다는 것이었다. 이로써 프로그램 내에서 상품명이나 상호를 보여 주는 것이 허용되었다. 다만 시청권의 보호를 위해 상품명이나 상호를 언급하거나 구매와 이용을 권유하는 것은 금지되었다. 또 방송이 대중에게 미치는 영향력이 크기 때문에 객관성과 공정성이 요구되는 보도, 시사, 토론, 등의 프로그램에서는 간접 광고가 금지되었다. 그럼에도 불구하고 간접 광고 제도를 비판하는 사람들은 간접 광고로 인해 광고 노출 시간이 길어지고 프로그램의 맥락과 동떨어진 억지스러운 상품 배치가 빈번해 프로그램의 질이 떨어지고 있다고 주장한다.

이처럼 시청자의 인식 속에 은연 중 파고드는 간접 광고에 적절히 대응하기 위해서는 시청자들에게 간접 광고에 대한 주체적 해석이 요구된다. 미디어 이론가들에 따르면, 사람들은 외부의 정보를 주체적으로 해석할 수 있는 자기 나름의 프레임을 갖고 있어서 미디어의 콘텐츠를 수동적으로만 받아들이는 것은 아니다. 이것이 간접 광고를 분석하고 그것을 비판적으로 수용하는 미디어 교육이 필요한 이유이다.

21 윗글에 대한 설명으로 적절하지 않은 것은?

① 간접 광고의 개념과 특성을 밝히고 있다.
② 간접 광고와 관련된 제도를 소개하고 있다.
③ 간접 광고를 배치 방식에 따라 구분하고 있다.
④ 간접 광고 제도에 대한 비판적 견해를 소개하고 있다.
⑤ 간접 광고에 관한 이론의 발전 과정을 분석하고 있다.

> ✔해설 제시된 지문에서는 간접 광고와 관련된 제도의 변천 과정을 소개하고 있을 뿐 간접 광고 이론의 발전 과정을 분석하고 있지는 않다.

22 윗글을 통해 알 수 있는 내용으로 적절한 것은?

① 간접 광고에서 주변적 배치가 주류적 배치보다 더 시청자의 주목을 받는다.
② 간접 광고는 직접 광고에 비해 시청자가 즉각적으로 광고를 회피하기가 더 쉽다.
③ 간접 광고가 삽입된 프로그램을 시청할 때에는 수용자 개인의 프레임이 작동하지 않는다.
④ 직접 광고와 간접 광고는 광고가 시청자들에게 주는 효과의 정도에 따라 구분한 것이다.
⑤ 간접 광고가 광고인 것을 시청자가 알아차리지 못하는 동안에도 광고 효과는 발생할 수 있다.

✔해설 ⑤ 첫째 문단의 '요즘 시청자들은 자신도 모르는 사이에 간접 광고에 수시로 노출되어 광고와 더불어 살아가는 환경에 놓이게 됐다.'라는 내용과 다섯째 문단의 '이처럼 시청자의 인식 속에 은연 중 파고드는 간접 광고'라는 표현을 통해 알 수 있다.

23 ㉠과 ㉡에 대하여 추론한 내용으로 적절하지 않은 것은?

① ㉠이 시행되면서, 프로그램 내용이 전개될 때 상표를 노출할 수 있게 되어 방송 광고업계는 이 제도를 환영했겠군.
② ㉠에 따라 경비를 제공한 협찬 업체는 프로그램이 종료될 때의 협찬 고지를 통해서 광고 효과를 거둘 수 있겠군.
③ ㉡이 도입된 이후에는 프로그램 내용이 전개될 때 작위적으로 상품을 노출시키는 장면이 많아졌겠군.
④ ㉡을 도입할 때 보도와 토론 프로그램에서 간접 광고를 허용하지 않은 것은 방송의 공적 특성을 고려한 것이겠군.
⑤ ㉠에 따른 광고와 ㉡에 따른 광고 모두 맥락 효과를 얻을 수 있겠군.

✔해설 셋째 문단에서, 협찬 제도는 극히 제한된 형태의 간접 광고만을 허용하는 제도로, 프로그램이 종료될 때 협찬 업체를 알리는 협찬 고지는 허용하지만, 프로그램의 내용이 전개될 때 상품명이나 상호를 보여 주거나 출연자가 이를 언급해 광고 효과를 주는 것은 법으로 금지했다고 하였다. 따라서 협찬 제도가 시행되면서 프로그램 내용이 전개될 때 상표를 노출할 수 있게 되어 방송 광고업계는 이 제도를 환영했을 것이라고 추론할 수 없다.

24 윗글을 바탕으로 다음의 제시문을 이해한 내용으로 적절하지 않은 것은?

> 다음은 최근 인기 절정의 남녀 출연자가 등장한, 우리나라 방송 프로그램의 한 장면에 대한 설명이다.
> 연인 관계로 설정된 두 남녀가 세련되고 낭만적인 분위기의 커피 전문점에 앉아 있다. 남자가 사용하고
> 있는 휴대전화는 상표가 선명하게 보인다. 여자가 입고 있는 의상의 상표가 가려져서 시청자들은 상표
> 를 알아볼 수 없다. 남자는 창밖에 보이는 승용차의 상품명을 언급하며 소음이 없는 좋은 차라고 칭찬
> 한다.
> 커피 전문점, 휴대 전화, 의상, 승용차는 이를 제공한 측과 방송사 측의 사전 계약에 의해 활용된 것이
> 다. 커피 전문점의 이름과 의상을 제공한 업체의 이름은 이 프로그램이 종료될 때 고지되었다.

① 남자가 사용하는 휴대 전화의 제조 회사는 간접 광고의 주류적 배치를 활용하고 있군.

② 여자가 입고 있는 의상을 제공한 의류 회사는 간접 광고의 주변적 배치를 활용하고 있군.

③ 이 프로그램에는 협찬 제도에 따른 광고와 간접 광고 제도에 따른 광고가 모두 활용되고 있군.

④ 남자가 승용차에 대해 말하는 내용으로 보아 이 방송 프로그램은 현행 국내법을 위반하고 있군.

⑤ 방송 후 화면 속의 배경이 된 커피 전문점에 가려고 그 위치를 문의하는 전화가 방송사에 쇄도했다
  면 간접 광고의 맥락 효과가 발생한 것이군.

✔해설 윗글에서 주류적 배치는 출연자가 상품을 사용·착용하거나 대사를 통해 상품을 언급하는 것이고, 주변적 배
치는 화면 속의 배경을 통해 상품을 노출하는 것이라고 설명하였으므로 제시문에서 여자는 의상을 입고 있으
므로, 여자가 입고 있는 의상을 제공한 의류 회사는 간접 광고의 주변적 배치를 활용하고 있는 것이 아니라
주류적 배치를 활용하고 있다고 볼 수 있다.

19세기 중반 화학자 분젠은 불꽃 반응에서 나타나는 물질 고유의 불꽃색에 대한 연구를 진행하고 있었다. 그는 버너 불꽃의 색을 제거한 개선된 버너를 고안함으로써 물질의 불꽃색을 더 잘 구별할 수 있도록 하였다. 하지만 두 종류의 금속이 섞인 물질의 불꽃은 색깔이 겹쳐서 분간이 어려웠다. 이에 ㉠키르히호프는 프리즘을 통한 분석을 제안했고 둘은 협력하여 불꽃의 색을 분리시키는 분광 분석법을 창안했다. 이것은 과학사에 길이 남을 업적으로 이어졌다.

그들은 불꽃 반응에서 나오는 빛을 프리즘에 통과시켜 띠 모양으로 분산시킨 후 망원경을 통해 이를 들여다보는 방식으로 실험을 진행하였다. 빛이 띠 모양으로 분산되는 것은 빛이 파장이 짧을수록 굴절하는 각이 커지기 때문이다. 이 방법을 통해 그들은 알칼리 금속과 알칼리 토금속의 스펙트럼을 체계적으로 조사하여 그것들을 함유한 화합물들을 찾아내었다. 이 과정에서 그들은 특정한 금속의 스펙트럼에서 띄엄띄엄 떨어진 밝은 선의 위치는 그 금속이 홑원소로 존재하든 다른 원소와 결합하여 존재하든 불꽃의 온도에 상관없이 항상 같다는 결론에 도달하였다. 이로써 화학 반응을 이용하는 전통적인 분석 화학의 방법에 의존하지 않고도 정확하게 화합물의 원소를 판별해 내는 분광 분석법이 탄생하였다. 이 방법의 유효성은 그들이 새로운 금속 원소인 세슘과 루비듐을 발견함으로써 입증되었다.

1859년 키르히호프는 이 방법을 천문학 분야로까지 확장하였다. 그는 불꽃 반응 실험에서 관찰한 나트륨 스펙트럼의 두 개의 인접한 밝은 선과 1810년대 프라운호퍼가 프리즘을 이용하여 태양빛의 스펙트럼에서 검은 선이 나타나는 원인을 설명할 수 있었다. 그는 태양빛의 스펙트럼의 검은 선들 중에서 프라운호퍼의 D선이 나트륨 고유의 밝은 선들과 같은 파장에서 겹쳐지는 것을 확인하고, D선은 태양에서 비교적 차가운 부분인 태양 대기 중에 존재하는 나트륨 때문에 생긴다고 해석했다. 이것은 태양 대기 중의 나트륨이 태양의 더 뜨거운 부분에서 나오는 빛 가운데 D선에 해당하는 파장의 빛들을 흡수하기 때문이다. 태양빛의 스펙트럼을 보면 D선 이외에도 차가운 태양 대기 중의 특정 원소에 의해 흡수된 빛의 파장 위치에 검은 선들이 나타난다. 이 검은 선들은 그 특정 원소가 불꽃 반응에서 나타내는 스펙트럼 상의 밝은 선들과 나타나는 위치가 동일하다.

25 윗글을 바탕으로 할 때, ㉠의 업적으로 볼 수 있는 것은?

① 화학 반응을 이용하는 분석 화학 방법을 확립하였다.
② 태양빛의 스펙트럼에 검은 선이 존재함을 알아내었다.
③ 물질을 불꽃에 넣으면 독특한 불꽃색이 나타나는 것을 발견하였다.
④ 프리즘을 이용하여 태양빛의 스펙트럼을 얻는 방법을 창안하였다.
⑤ 천체에 가지 않고도 그 대기에 존재하는 원소에 대한 정보를 얻을 수 있는 길을 열었다.

✔해설 ⑤ 셋째 문단에서, 키르히호프는 불꽃 반응 실험에서 나온 금속 원소의 스펙트럼을 태양빛의 스펙트럼과 비교하여 태양 대기 중에 존재하는 특정 원소의 존재를 파악할 수 있는 길을 열었다고 설명하고 있다. 이후 동료 과학자들이 이러한 분광 분석법을 적용하여 천체 대기의 화학적 조성을 밝혀냈다고 하였으므로, 결국 키르히호프는 분광 분석법을 통해 천체에 가지 않고도 그 대기에 존재하는 원소에 관한 정보를 얻을 수 있는 길을 열었다고 말할 수 있다.

26 윗글을 이해한 내용으로 가장 적절한 것은?

① 루비듐의 존재는 분광 분석법이 출현하기 전에 확인되었다.

② 빛을 프리즘을 통해 분산시키면 빛의 파장이 길수록 굴절하는 각이 커진다.

③ 금속 원소 스펙트럼의 밝은 선의 위치는 불꽃의 온도를 높여도 변하지 않는다.

④ 철이 태양 대기에 존재한다는 사실은 나트륨이 태양 대기에 존재한다는 사실보다 먼저 밝혀졌다.

⑤ 분젠은 두 종류 이상의 금속이 섞인 물질에서 나오는 각각의 불꽃색이 겹쳐지는 현상을 막아주는 버너를 고안하였다.

✔해설 둘째 문단에서, 분젠과 키르히호프는 불꽃 반응에서 나오는 빛을 프리즘에 통과시켜 띠 모양으로 분산시킨 후 망원경을 통해 이를 들여다보는 방식으로 실험을 진행했는데, 이 과정에서 특정한 금속의 스펙트럼에서 나타나는 밝은 선의 위치는 그 금속이 홑원소로 존재하든 다른 원소와 결합하여 존재하든 불꽃의 온도에 상관없이 항상 같다는 결론에 도달하였다고 설명하였으므로 ③이 가장 적절하다.

27 다음 글의 제목으로 가장 적절한 것은?

> 어느 대학의 심리학 교수가 그 학교에서 강의를 재미없게 하기로 정평이 나 있는, 한 인류학 교수의 수업을 대상으로 실험을 계획했다. 그 심리학 교수는 인류학 교수에게 이 사실을 철저히 비밀로 하고, 그 강의를 수강하는 학생들에게만 사전에 몇 가지 주의 사항을 전달했다. 첫째, 그 교수의 말 한 마디 한 마디에 주의를 집중하면서 열심히 들을 것. 둘째, 얼굴에는 약간 미소를 띠면서 눈을 반짝이며 고개를 끄덕이기도 하고 간혹 질문도 하면서 강의가 매우 재미있다는 반응을 겉으로 나타내며 들을 것.
> 한 학기 동안 계속된 이 실험의 결과는 흥미로웠다. 우선 재미없게 강의하던 그 인류학 교수는 줄줄 읽어 나가던 강의 노트에서 드디어 눈을 떼고 학생들과 시선을 마주치기 시작했고 가끔씩은 한두 마디 유머 섞인 농담을 던지기도 하더니, 그 학기가 끝날 즈음엔 가장 열이 있게 강의하는 교수로 면모를 일신하게 되었다. 더욱 더 놀라운 것은 학생들의 변화였다. 처음에는 실험 차원에서 열심히 듣는 척하던 학생들이 이 과정을 통해 정말로 강의에 흥미롭게 참여하게 되었고, 나중에는 소수이긴 하지만 아예 전공을 인류학으로 바꾸기로 결심한 학생들도 나오게 되었다.

① 학생 간 의사소통의 중요성

② 교수 간 의사소통의 중요성

③ 언어적 메시지의 중요성

④ 공감하는 듣기의 중요성

⑤ 실험정신의 중요성

✔해설 제시된 글은 실험을 통해 학생들의 열심히 듣기와 강의에 대한 반응이 교수의 말하기에 미친 영향을 보여 주고 있다. 즉, 경청, 공감하며 듣기의 중요성에 대해 보여 주는 것이다.

28 다음 주어진 글에 대한 내용으로 옳지 않은 것은?

> 혈액의 기본 기능인 산소 운반능력이 감소하면 골수에서는 적혈구 생산, 즉 조혈과정이 촉진된다. 조직 내 산소 농도의 감소가 골수에서의 조혈을 직접 촉진하지는 않는다. 신장에 산소 공급이 감소하면 신장에서 혈액으로 에리트로포이어틴을 분비하고 이 호르몬이 골수의 조혈을 촉진한다. 에리트로포이어틴은 적혈구가 성숙, 분화하도록 하여 혈액에 적혈구 수를 늘려서 조직에 충분한 양의 산소가 공급되도록 한다. 신장에 산소 공급이 충분히 이루어지면 에리트로포이어틴의 분비도 중단된다. 출혈이나 정상 적혈구가 과도하게 파괴 된 경우 6배 정도까지 조혈 속도가 상승한다.
>
> 골수에서 생산된 성숙한 적혈구가 혈관을 따라 순환하려면 헤모글로빈 합성, 핵과 세포내 소기관 제거 등 의 과정을 거친다. 에리트로포이어틴의 자극을 받으면 적혈구는 수일 내에 혈액으로 흘러들어간다. 상당한 출혈로 적혈구 조혈이 왕성해지면 성숙하지 못한 망상적혈구가 골수에서 혈액으로 들어온다.
>
> 운동을 하는 근육은 계속해서 에너지를 생성하기 위해 산소를 요구한다. 혈액 도핑은 혈액의 산소 운반능 력을 증가시키기 위해 고안된 기술이다. 자기 혈액을 이용한 혈액 도핑은 운동선수로부터 혈액을 뽑아 혈장 은 선수에게 다시 주입하고 적혈구는 냉장 보관하다가 시합 1~7일 전에 주입하는 방법이다. 시합 3주 전에 450mL정도의 혈액을 뽑아내면 시합 때까지 적혈구 조혈이 왕성해져서 근육 내 산소 농도는 피를 뽑기 전의 정상수준으로 증가한다. 그리고 저장한 적혈구를 재주입하면 적혈구 수와 헤모글로빈이 증가한다. 표준 운동 시험에서 혈액 도핑을 받은 선수는 도핑을 하지 않은 경우와 비교해 유산소 운동 능력이 5~13% 증가한다. 이처럼 운동선수의 적혈구가 증가하여 경기 능력 향상에 도움이 되지만, 혈액의 점성이 증가해 부작용이 발 생할 수도 있다.
>
> 합성 에리트로포이어틴을 이용한 혈액 도핑 문제도 심각하다. 합성 에리트로포이어틴 투여는 격렬한 운동 이 요구되는 선수의 경기 능력을 7~10% 향상시킨다는 것이 입증되어, 많은 선수들이 암암리에 사용하고 있 다. 1987년 유럽 사이클 선수 20명의 사망 원인으로 합성 에리트로포이어틴이 의심되고 있지만, 많은 선수 들이 이러한 위험을 기꺼이 감수하고 있다.

① 적혈구가 많을수록 유산소 운동능력 향상에 도움이 된다.

② 혈액 도핑을 위해 혈액을 뽑은 뒤 근육 내 산소 농도를 원래만큼 회복하기 전에 다시 혈액을 주입할 시 도핑 효과가 떨어질 것이다.

③ 혈액 도핑을 위해 혈액을 뽑으면, 운동선수의 혈관 내 혈액에서는 망상적혈구를 볼 수 있을 것이다.

④ 합성 에리트로포이어틴을 주입할 시 신장을 자극하여 적혈구 생산을 촉진하기 때문에 운동 효과가 극대화 된다.

⑤ 자기 혈액을 이용한 도핑으로 혈액의 점성이 높아지는 부작용이 있다.

> **✔해설** ④ 신장은 적혈구의 생산에 직접 관여하지 않으며 신장에 산소공급이 감소될 시 분비되는 에리트로포이어틴 이 골수를 자극하여 적혈구 생산을 촉진한다. 따라서 에리트로포이어틴이 신장을 자극한다는 것을 옳지 않다.

Answer 26.③ 27.④ 28.④

29 다음 글의 중심내용으로 가장 적절한 것은?

> 　행랑채가 퇴락하여 지탱할 수 없게끔 된 것이 세 칸이었다. 나는 마지못하여 이를 모두 수리하였다. 그런데 그중의 두 칸은 앞서 장마에 비가 샌 지가 오래되었으나, 나는 그것을 알면서도 이럴까 저럴까 망설이다가 손을 대지 못했던 것이고, 나머지 한 칸은 비를 한 번 맞고 샜던 것이라 서둘러 기와를 갈았던 것이다. 이번에 수리하려고 본즉 비가 샌 지 오래된 것은 그 서까래, 추녀, 기둥, 들보가 모두 썩어서 못 쓰게 되었던 까닭으로 수리비가 엄청나게 들었고, 한 번밖에 비를 맞지 않았던 한 칸의 재목들은 완전하여 다시 쓸 수 있었던 까닭으로 그 비용이 많이 들지 않았다.
> 　나는 이에 느낀 것이 있었다. 사람의 몫에 있어서도 마찬가지라는 사실을. 잘못을 알고서도 바로 고치지 않으면 곧 그 자신이 나쁘게 되는 것이 마치 나무가 썩어서 못 쓰게 되는 것과 같으며, 잘못을 알고 고치기를 꺼리지 않으면 해(害)를 받지 않고 다시 착한 사람이 될 수 있으니, 저 집의 재목처럼 말끔하게 다시 쓸 수 있는 것이다. 뿐만 아니라 나라의 정치도 이와 같다. 백성을 좀먹는 무리들을 내버려두었다가는 백성들이 도탄에 빠지고 나라가 위태롭게 된다. 그런 연후에 급히 바로잡으려 하면 이미 썩어 버린 재목처럼 때는 늦은 것이다. 어찌 삼가지 않겠는가.

① 모든 일에 기초를 튼튼히 해야 한다.
② 청렴한 인재 선발을 통해 정치를 개혁해야 한다.
③ 잘못을 알게 되면 바로 고쳐 나가는 자세가 중요하다.
④ 훌륭한 위정자가 되기 위해서는 매사 삼가는 태도를 지녀야 한다.
⑤ 모든 일에는 순서가 있는 법이다.

> ✔ **해설**　첫 번째 문단에서 문제를 알면서도 고치지 않았던 두 칸을 수리하는 데 수리비가 많이 들었고, 비가 새는 것을 알자마자 수리한 한 칸은 비용이 많이 들지 않았다고 하였다. 또한 두 번째 문단에서 잘못을 알면서도 바로 고치지 않으면 자신이 나쁘게 되며, 잘못을 알자마자 고치기를 꺼리지 않으면 다시 착한 사람이 될 수 있다하며 이를 정치에 비유해 백성을 좀먹는 무리들을 내버려 두어서는 안 된다고 서술하였다. 따라서 글의 중심내용으로는 잘못을 알게 되면 바로 고쳐 나가는 것이 중요하다가 적합하다.

30 글의 앞뒤 내용을 바탕으로, ㈎~㈑를 논리적 흐름이 자연스럽게 배열한 것은?

> 이십 세기 한국 지성인의 지적 행위는 그들이 비록 한국인이라는 동양 인종의 피를 받고 있음에도 불구하고 대체적으로 서양이 동양을 해석하는 그러한 틀 속에서 이루어졌다.
>
> > ㈎ 그러나 그 역방향 즉 동양이 서양을 해석하는 행위는 실제적으로 부재해 왔다. 이러한 부재 현상의 근본 원인은 매우 단순한 사실에 기초한다.
> > ㈏ 동양이 서양을 해석한다고 할 때에 그 해석학적 행위의 주체는 동양이어야만 한다.
> > ㈐ '동양은 동양이다.'라는 토톨러지(tautology)나 '동양은 동양이어야 한다.'라는 당위 명제가 성립하기 위해서는 동양인인 우리가 동양을 알아야 한다.
> > ㈑ 그럼에도 우리는 동양을 너무도 몰랐다. 동양이 왜 동양인지, 왜 동양이 되어야만 하는지 아무도 대답을 할 수가 없었다.
>
> 동양은 버려야 할 그 무엇으로서만 존재 의미를 지녔다. 즉, 서양의 해석이 부재한 것이 아니라 서양을 해석할 동양이 부재했다.

① ㈎ — ㈏ — ㈐ — ㈑
② ㈏ — ㈐ — ㈑ — ㈎
③ ㈐ — ㈑ — ㈎ — ㈏
④ ㈑ — ㈎ — ㈏ — ㈐
⑤ ㈐ — ㈏ — ㈎ — ㈑

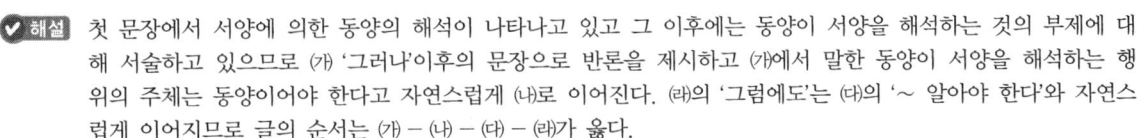 해설 첫 문장에서 서양에 의한 동양의 해석이 나타나고 있고 그 이후에는 동양이 서양을 해석하는 것의 부재에 대해 서술하고 있으므로 ㈎ '그러나'이후의 문장으로 반론을 제시하고 ㈎에서 말한 동양이 서양을 해석하는 행위의 주체는 동양이어야 한다고 자연스럽게 ㈏로 이어진다. ㈑의 '그럼에도'는 ㈐의 '~ 알아야 한다'와 자연스럽게 이어지므로 글의 순서는 ㈎ — ㈏ — ㈐ — ㈑가 옳다.

Chapter 02 수리력

1 찬수네 가게는 원가가 14,000원인 제품 A 30개와 원가가 12,000원인 제품 B 50개를 판매하려고 한다. 제품 A의 정가를 원가의 15%의 이익이 있게 책정하고 제품 A, B의 총 판매 순수익이 같도록 제품 B의 정가를 정하려고 할 때, 제품 B의 이윤율은 얼마로 해야 하는가?

① 10%

② 10.5%

③ 11%

④ 11.5%

⑤ 12%

 해설 제품 A의 순수익은 $30 \times 14,000 \times 0.15 = 63,000$(원)이다.

제품 A와 B의 순수익을 같도록 한다고 했으므로 $50 \times 12,000 \times x = 63,000$, $x = 0.105$ 즉, 10.5%의 이윤율로 정가를 정해야 한다.

2 십의 자리의 숫자가 3인 두 자리의 자연수에서 십의 자리와 일의 자리의 숫자를 바꾸면 원래의 수의 2배보다 1이 작다. 이 자연수의 일의 자리 수는 무엇인가?

① 4

② 5

③ 6

④ 7

⑤ 8

 해설 일의 자리 수를 x라 하면,

$10x + 3 = 2(3 \times 10 + x) - 1$

$\therefore x = 7$

3 2자리의 정수 중 8의 배수의 총합은 얼마인가?

① 613 　　　　　　　　　　　② 614

③ 615 　　　　　　　　　　　④ 616

⑤ 617

✔해설　㉠ 16, 24, 32 … 순으로 진행하는 등차수열이므로,

$$a_n = a_1 + (n-1)d = 16 + (n-1)8 = 8 + 8n$$

㉡ 2자리의 정수 중 8의 배수의 최댓값은 96이므로,

$$a_n = 8 + 8n = 96, \quad \therefore \quad n = 11$$

㉢ 첫 항(a_1)이 16, 마지막 항(a_{11})이 96이므로,

$$S_n = \frac{n(a_1 + a_n)}{2} = \frac{11(16 + 96)}{2} = 616$$

4 어느 인기 그룹의 공연을 준비하고 있는 기획사는 다음과 같은 조건으로 총 1,500장의 티켓을 판매하려고 한다. 티켓 1,500장을 모두 판매한 금액이 6,000만 원이 되도록 하기 위해 판매해야 할 S석 티켓의 수를 구하면?

(가) 티켓의 종류는 R석, S석, A석 세 가지이다.

(나) R석, S석, A석 티켓의 가격은 각각 10만 원, 5만 원, 2만 원이고, A석 티켓의 수는 R석과 S석 티켓의 수의 합과 같다.

---

① 450장 　　　　　　　　　　② 600장

③ 750장 　　　　　　　　　　④ 900장

⑤ 950장

✔해설　조건 (가)에서 R석의 티켓의 수를 a, S석의 티켓의 수를 b, A석의 티켓의 수를 c라 놓으면

$$a + b + c = 1,500 \ \cdots\cdots \ ㉠$$

조건 (나)에서 R석, S석, A석 티켓의 가격은 각각 10만 원, 5만 원, 2만 원이므로

$$10a + 5b + 2c = 6,000 \ \cdots\cdots \ ㉡$$

A석의 티켓의 수는 R석과 S석 티켓의 수의 합과 같으므로

$$a + b = c \ \cdots\cdots \ ㉢$$

세 방정식 ㉠, ㉡, ㉢을 연립하여 풀면 ㉠, ㉢에서 $2c = 1,500$ 이므로 $c = 750$

㉠, ㉡에서 연립방정식

$$\begin{cases} a + b = 750 \\ 2a + b = 900 \end{cases}$$

을 풀면 $a = 150$, $b = 600$ 이다.

따라서 구하는 S석의 티켓의 수는 600장이다.

Answer　1.② 2.④ 3.④ 4.②

5 양의 정수 x를 5배 한 수는 30보다 크고, x를 5배 한 수에서 30을 뺀 수는 40보다 작을 때, x값은 몇 가지가 나오는가?

① 4가지   ② 5가지

③ 6가지   ④ 7가지

⑤ 8가지

> ✔ 해설   • $5x > 30$
> • $5x - 30 < 40$
> • $6 < x < 14$
> ∴ x는 7~13이 될 수 있다.

6 지금부터 3년 후에 아버지의 나이는 자식의 5배가 된다. 현재 자식의 나이는 3살일 때, 현재 아버지의 나이는 자식의 몇 배인가?

① 7배   ② 8배

③ 9배   ④ 10배

⑤ 11배

> ✔ 해설   현재 아버지의 나이를 x라 하면,
> $(x+3) = 5(3+3)$,   ∴ $x = 27$살
> 따라서 현재 아버지와 자식의 나이의 차이는 9배이다.

7 부피가 $210cm^3$, 높이가 $7cm$, 밑면의 세로의 길이가 가로보다 $13cm$ 긴 직육면체가 있다. 이 직육면체의 밑면의 넓이는?

① $20cm^2$ ② $25cm^2$

③ $30cm^2$ ④ $35cm^2$

⑤ $40cm^2$

> ✔ 해설   ㉠ 부피=가로×세로×높이
> 가로의 길이를 x라 하면,
> $(x+13) \times x \times 7 = 210$
> $x^2 + 13x - 30 = 0$
> $(x+15)(x-2) = 0$이므로 ∴ $x = 2$
> ㉡ 밑면의 넓이=가로×세로
> ∴ 밑면의 넓이 $= 2 \times 15 = 30cm^2$

8 G사의 공장 앞에는 '가로 20m×세로 15m' 크기의 잔디밭이 조성되어 있다. 시청에서는 이 잔디밭의 가로, 세로 길이를 동일한 비율로 확장하여 새롭게 잔디를 심었는데 새로운 잔디밭의 총 면적은 432m²였다. 새로운 잔디밭의 가로, 세로의 길이는 순서대로 얼마인가?

① 24m, 18m

② 23m, 17m

③ 22m, 16.5m

④ 21.5m, 16m

⑤ 20m, 15m

> ✔해설 늘어난 비율을 x라 하면, 다음 공식이 성립한다.
> $$20x \times 15x = 432 \rightarrow (5x)^2 = 6^2, \therefore x = 1.2$$
> 따라서 x의 비율로 확장된 가로, 세로의 길이는 각각 24m(=20×1.2), 18m(=15×1.2)가 된다.

9 서로 다른 색깔의 빛을 내는 전등이 있다. 총 15가지의 신호를 보낼 수 있다면 몇 개의 전등을 사용한 것인가?(단, 전등이 모두 꺼진 경우는 신호로 인정하지 않으며 전등색의 순서와 신호는 무관하다.)

① 3개

② 4개

③ 5개

④ 6개

⑤ 7개

> ✔해설 전등이 모두 꺼진 경우를 포함하면 총 16가지의 신호를 보낸 것이고,
> 각 전등은 커지거나 꺼지는 2가지의 신호를 보낸다.
> $$2 \times 2 \times 2 \cdots = 2^x = 16$$
> $$\therefore x = 4개$$

10 일의 자리의 숫자가 8인 두 자리의 자연수에서 십의 자리와 일의 자리의 숫자를 바꾸면 원래의 수의 2배보다 7만큼 크다. 이 자연수의 십의 자리 수는?

① 2

② 3

③ 4

④ 5

⑤ 6

> ✔해설 십의 자리 수를 x라 하면
> $$2(10x+8)+7 = 8 \times 10 + x$$
> $$\therefore x = 3$$

11 어느 회사에서 92명의 직원들이 긴 의자에 6명씩 앉으면 8명이 남는다고 한다. 이 의자에 8명씩 앉으면 남는 의자는 몇 개인가?

① 1개 　　　　　　　　　　　② 2개

③ 3개 　　　　　　　　　　　④ 4개

⑤ 5개

> ✔ 해설 　㉠ 의자의 수를 x라 하면
> $6x+8=92$, $x=14$개
> ㉡ 14개의 의자에 8명씩 앉으면 92명의 직원들은 12개의 의자를 차지하게 된다.
> 따라서 2개의 의자가 남는다.

12 길이가 30cm, 40cm인 양초 2자루가 있다. 불을 붙이면 길이가 30cm인 양초는 1분에 0.2cm씩 짧아진다고 한다. 동시에 불을 붙였을 때, 타고 남은 두 양초가 길이가 같아지는 것은 25분 후라면 40cm인 양초는 1분에 몇 cm씩 짧아지는 것인가?

① $0.3cm$ 　　　　　　　　　② $0.4cm$

③ $0.5cm$ 　　　　　　　　　④ $0.6cm$

⑤ $0.7cm$

> ✔ 해설 　$40cm$의 양초가 1분에 xcm씩 짧아진다고 하면
> $30-(0.2\times25)=40-(x\times25)$
> ∴ $x=0.6cm$

13 14년 후에 아버지의 나이가 아들의 나이의 2배가 된다면, 현재 아버지와 아들의 나이의 합은? (단, 아버지의 현재 나이는 48세이다.)

① 51 　　　　　　　　　　　② 59

③ 65 　　　　　　　　　　　④ 73

⑤ 79

> ✔ 해설 　㉠ 아들의 나이를 x라 하면, $48+14=2(x+14)$, $x=17$살
> ㉡ 아버지의 나이+아들의 나이$=48+17=65$

14 공사중인 500m의 길 양측에 안전띠 A, B, C를 설치하려고 한다. A는 7m마다, B는 9m마다, C는 11m마다 설치하여 총 342개의 안전띠를 설치했다고 한다. 안전띠 B와 C는 총 몇 개를 설치하였는가? (단, 처음과 끝에는 안전띠를 설치하지 않았다.)

① 120개   ② 140개

③ 160개   ④ 180개

⑤ 200개

> ✔해설 500m에 설치할 수 있는 안전띠 B의 수는 55개, C의 수는 45개이다.
> 양측에 다 설치해야 하므로 총 2(55+45)=200개이다.

15 영수, 경미, 민희는 함께 저녁을 먹고 총 식사비는 10,500원이 나왔다. 영수가 일부를 계산하고, 경미가 그 나머지의 $\frac{1}{7}$ 을, 민희가 그 나머지인 3,600원을 냈다면 영수가 낼 금액은 얼마인가?

① 6,000원   ② 6,300원

③ 6,600원   ④ 6,900원

⑤ 7,200원

> ✔해설 영수가 낼 금액을 x라 하면,
> ㉠ 경미가 낸 금액은 $(10500-x)\times\frac{1}{7}$
> ㉡ 은희가 낸 금액은 $10500-\left\{x+(10500-x)\times\frac{1}{7}\right\}=3600$
> ∴ $x=6,300$원

16 원가에 2할의 이익을 붙여 정한 정가에서 1,000원을 할인하여 팔았을 때, 이익이 원가의 10% 이상이었다면 원가는 얼마 이상인가?

① 10,000원 이상   ② 15,000원 이상

③ 20,000원 이상   ④ 25,000원 이상

⑤ 30,000원 이상

> ✔해설 $1.2x-1,000 \geq 1.1x$
> $0.1x \geq 1,000$
> ∴ $x \geq 10,000$

Answer   11.②   12.④   13.③   14.⑤   15.②   16.①

17 경진이와 경수가 계단에서 가위 바위 보를 하여 이긴 사람은 2계단을 올라가고, 진 사람은 1계단을 내려간다고 한다. 두 사람이 가위 바위 보를 하여 경수가 5계단을 올라갔을 때 경진이는 처음보다 몇 계단을 올라갔는가? (단, 비기는 경우는 없고, 경진이는 11회를, 경수는 8회를 이겼다.)

① 8계단 　　　　　　　　　　　　② 10계단

③ 12계단 　　　　　　　　　　　③ 14계단

⑤ 16계단

> ✔해설 경진이가 올라간 계단의 수를 x라 하면
> $x = 2 \times 11 - 8$
> $\therefore\ x = 14$계단

18 서원교육의 직원은 작년에 730명이었고, 올해는 작년보다 20명이 증가했다. 작년의 여자 직원은 400명이었고 올해에 5% 증가하였다면, 남자 직원은 작년에 비하여 몇 % 증감하였는가?

① 변화 없다. 　　　　　　　　　　② 5% 감소하였다.

③ 5% 증가하였다. 　　　　　　　　④ 10% 감소하였다.

⑤ 10% 증가하였다.

> ✔해설 현재 남자 직원의 수를 x라 하면,
> $400 \times 1.05 + x = 750,\ x = 330$명
> $\therefore$ 작년의 남자 직원 수는 330명으로 작년과 올해의 직원 수는 변함이 없다.

19 서원이는 오늘 사온 책을 오늘부터 읽기 시작하여 이번 달 안에 모두 읽었다. 매일 28 페이지씩 읽었을 때, 서원이가 사온 책의 총 페이지 수는? (단, 오늘은 10월 11일이다.)

① 556 　　　　　　　　　　　　　② 572

③ 588 　　　　　　　　　　　　　④ 594

⑤ 600

> ✔해설 책을 오늘부터 21일 동안 28페이지씩 읽어야 하고
> 책의 총 페이지 수를 x라 하면,
> $x = 28 \times 21$
> $x = 588$페이지

20 서원버스의 첫 차가 5시 50분에 출발하여 6시 50분에 출발한 차까지 총 6대의 버스가 출발했을 때, 서원버스의 배차시간은?

① 12분
② 13분
③ 14분
④ 15분
⑤ 16분

> ✔해설 첫 차를 제외하면 60분 동안 5대의 버스가 배차된 것이다.
> 따라서 60÷5=12분 간격으로 배차되었다.

21 두 자리의 자연수가 있다. 십의 자리의 숫자의 2배는 일의 자리의 숫자보다 1이 크고, 십의 자리의 숫자와 일의 자리의 숫자를 바꾼 자연수는 처음 수보다 9가 크다고 한다. 이를 만족하는 자연수는?

① 11
② 23
③ 35
④ 47
⑤ 59

> ✔해설 두 자리 자연수를 $10a+b$라 하면 주어진 문제에 따라 다음이 성립한다.
> $$\begin{cases} 2a=b+1 \\ 10b+a=(10a+b)+9 \end{cases} \Rightarrow \begin{cases} 2a-b=1 \\ 9a-9b=-9 \end{cases} \Rightarrow \begin{cases} 18a-9b=9 \\ 9a-9b=-9 \end{cases} \Rightarrow a=2, \ b=3$$
> 따라서 구하는 두 자리 자연수는 $10a+b=23$이다.

22 톱니의 수가 각각 72개, 45개인 톱니바퀴 A, B가 서로 맞물려 있다. 두 톱니바퀴가 회전하기 시작하여 최초로 다시 같은 톱니에서 맞물리려면 B는 몇 번 회전해야 하는가?

① 5번
② 6번
③ 7번
④ 8번
⑤ 9번

> ✔해설 72와 45의 최소공배수는 360이다. 따라서 두 톱니바퀴가 같은 톱니에서 처음으로 다시 맞물리려면 360÷45=8이므로 8번 회전해야 한다.

23 어떤 수를 82로 나누면 몫이 7이고, 나머지가 15였다. 어떤 수를 33으로 나누었을 때의 나머지를 구하면?

① 24

② 28

③ 32

④ 36

⑤ 40

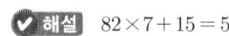 82×7+15＝589

589를 33으로 나누면 몫이 17이 되고, 나머지가 28이 된다.

24 가로가 372cm, 세로가 368cm인 직사각형 모양의 큰 종이를 가로는 12등분, 세로는 16등분을 하여 직사각형을 만들었다. 작은 직사각형 한 개의 둘레는 몇 cm일까?

① 130cm

② 126cm

③ 122cm

④ 116cm

⑤ 108cm

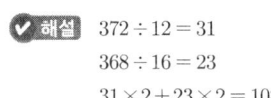 372÷12＝31

368÷16＝23

31×2+23×2＝108

25 직장에서 병원에 갈 때는 60km/h로 가고, 병원에서 집에 갈 때는 30km/h로 간다. 직장에서 병원의 거리가 10km이고, 병원에서 집의 거리가 15km라면 직장에서 병원을 거쳐 집까지 가는데 걸리는 시간은 얼마인가?

① 20분

② 30분

③ 40분

④ 50분

⑤ 60분

 시간은 $\frac{거리}{속도}$ 로 구할 수 있다.

직장에서 병원까지 가는데 걸리는 시간은 $\frac{10}{60}=\frac{1}{6}$ 이므로 $\frac{1}{6}×60=10$(분)이다.

병원에서 집까지 가는데 걸리는 시간은 $\frac{15}{30}=\frac{1}{2}$ 이므로 $\frac{1}{2}×60=30$(분)이다.

직장에서 집까지 가는데 걸리는 시간은 10+30＝40(분)이 된다.

26 아버지의 키와 내 키의 평균은 169cm이고, 나는 아버지보다 14cm 작다. 내 키는 몇 cm인가?

① 162cm
② 160cm
③ 158cm
④ 155cm
⑤ 150cm

✔해설 나의 키를 x라 하고, 아버지의 키를 y라 하면
$\frac{x+y}{2} = 169$, $x + 14 = y$의 두 식이 성립한다.
두 식을 연립하여 풀면 $x = 162$(cm)가 된다.

27 한 학년에 세 반이 있는 학교가 있다. 학생수가 A반은 20명, B반은 30명, C반은 50명이다. 수학 점수 평균이 A반은 70점, B반은 80점, C반은 60점일 때, 이 세 반의 평균은 얼마인가?

① 62점
② 64점
③ 66점
④ 68점
⑤ 70점

✔해설 평균$=\frac{\text{자료 값의 합}}{\text{자료의 수}}$ 이므로

$A = \frac{x}{20} = 70 \longrightarrow x = 1,400$

$B = \frac{y}{30} = 80 \longrightarrow y = 2,400$

$C = \frac{z}{50} = 60 \longrightarrow z = 3,000$

세 반의 평균은 $\frac{1,400 + 2,400 + 3,000}{20 + 30 + 50} = 68$점

28 갑이 걷는 속도는 을보다 1.1배 빠르고, 병이 걷는 속도는 갑보다 0.9배 빠르다. 정이 걷는 속도가 병보다 1.2배 빠를 때, 동시에 출발하여 동일한 시간 동안 이동 거리가 가장 긴 사람은?

① 갑
② 을
③ 병
④ 정
⑤ 모두 동일하다.

✔해설 을이 걷는 속도를 x라 하면,
㉠ 갑이 걷는 속도는 $1.1x$
㉡ 병이 걷는 속도는 $1.1x \times 0.9 = 0.99x$
㉢ 정이 걷는 속도는 $0.99x \times 1.2 = 1.188x$

Answer 23.② 24.⑤ 25.③ 26.① 27.④ 28.④

29 다음 중 표에 대한 설명으로 옳은 것은?

〈성, 연령집단 및 교육수준별 자원봉사 참여율〉

(단위 : %)

		2018년	2020년	2022년	2024년
전체		19.3	19.8	19.9	18.2
성	남자	19.3	19.6	19.6	17.7
	여자	19.3	20.1	20.1	18.7
연령집단	20세 미만	79.8	77.7	80.1	76.6
	20-29세	13.9	13.2	13.7	11.6
	30-39세	13.6	11.2	11.2	10.6
	40-49세	18.6	17	17.3	15.6
	50-59세	15.5	14.6	14.5	14.6
	60세 이상	7	7.2	7.8	7.8
교육수준	초졸 이하	10.4	24	23.8	22.5
	중졸	42.4	39.8	39.8	37.1
	고졸	15	13.6	13.4	11.9
	대졸 이상	18.4	16.2	16.8	16.1

① 전체 대상자의 자원봉사 참여율은 점점 증가했다.

② 교육수준이 낮을수록 자원봉사 참여율이 높다.

③ 20세 미만의 자원봉사 참여율은 60세 이상 자원봉사 참여율의 10배 이상이다.

④ 중졸의 자원봉사 참여율은 대졸 이상의 자원봉사 참여율의 2배 이상이다.

⑤ 40-49세의 자원봉사 참여율은 점점 감소했다.

✔ 해설 ① 자원봉사 참여율은 2024년에 감소했다.
② 교육수준에 따른 일정한 경향성이 보이지 않는다.
③ 2024년에는 10배가 되지 않는다.
⑤ 40-49세의 자원봉사 참여율은 2022년에는 증가하였다.

30 다음 표는 A지역 전체 가구를 대상으로 원자력발전소 사고 전·후 식수 조달원 변경에 대해 사고 후 설문조사한 결과이다. 사고 전에 비해 사고 후에 이용 가구 수가 감소한 식수 조달원의 수는 몇 개인가? (단, A지역 가구의 식수 조달원은 수돗물, 정수, 약수, 생수로 구성되며, 각 가구는 한 종류의 식수 조달원만 이용한다.)

〈원자력발전소 사고 전·후 A지역 조달원별 가구 수〉

(단위 : 가구)

사고 후 조달원 사고 전 조달원	수돗물	정수	약수	생수
수돗물	40	30	20	30
정수	10	50	10	30
약수	20	10	10	40
생수	10	10	10	40

① 0개   ② 1개
③ 2개   ④ 3개
⑤ 4개

 해설

사고 후 조달원 사고 전 조달원	수돗물	정수	약수	생수	합계
수돗물	40	30	20	30	120
정수	10	50	10	30	100
약수	20	10	10	40	80
생수	10	10	10	40	70
합계	80	100	50	140	370

수돗물은 120가구에서 80가구로, 약수는 80가구에서 50가구로 각각 이용 가구 수가 감소하였다. 정수는 100가구로 변화가 없으며, 생수는 70가구에서 140가구로 증가하였다.
따라서 사고 전에 비해 사고 후에 이용 가구 수가 감소한 식수 조달원의 수는 2개이다.

31 박물관을 찾는 사람의 연령층을 조사했더니 다음과 같았다. 각 박물관에서 40세 미만의 손님이 가장 많은 곳은 두 번째로 많은 곳의 몇 배인가? (단, 소수 셋째 자리에서 반올림하여 계산한다.)

구분	국립 중앙 박물관	공주 박물관	부여 박물관
10 ~ 19세	32%	28%	26%
20 ~ 29세	29%	23%	25%
30 ~ 39세	20%	20%	35%
40 ~ 49세	17%	18%	16%
50세 이상	9%	15%	20%
총 인원수	40,000	28,000	25,000

① 1.32배   ② 1.39배

③ 1.45배   ④ 1.48배

⑤ 1.51배

✔**해설** 각 박물관을 찾은 40세 미만인 손님의 인원수를 구한다.
국립 중앙 박물관 : $32+29+20=81$
$40,000 \times 0.81 = 32,400$
공주 박물관 : $28+23+20=71$
$28,000 \times 0.71 = 19,880$
부여 박물관 : $26+25+35=86$
$25,000 \times 0.86 = 21,500$
그러므로, $32,400 \div 21,500 ≒ 1.51$

32 다음은 E국의 연도별 연령별 인구에 관한 자료이다. 다음 중 옳지 않은 것들로 묶인 것은?

연도 / 연령	2010년	2015년	2020년
전체 인구	85,553,710	89,153,187	90,156,842
0~30세	36,539,914	35,232,370	33,257,192
0~10세	6,523,524	6,574,314	5,551,237
11~20세	11,879,849	10,604,212	10,197,537
21~30세	18,136,541	18,053,844	17,508,418

㉠ 11~20세 인구의 10년간 흐름은 전체 인구의 흐름과 일치한다.
㉡ 20세 이하의 인구는 2010, 2015, 2020년 중 2015년에 가장 많다.
㉢ 2020년의 21~30세의 인구가 전체 인구에서 차지하는 비율은 20% 이상이다.
㉣ 2010년 대비 2020년의 30세 이하 인구는 모두 감소하였다.

① ㉠㉢
② ㉠㉣
③ ㉡㉢
④ ㉡㉣
⑤ ㉢㉣

해설 ㉠ 11~20세 인구의 10년간 흐름은 5년마다 감소하고 있지만 전체 인구의 흐름은 증가하고 있다.

㉢ $\dfrac{17,508,418}{90,156,842} \times 100 \fallingdotseq 19.42\%$

㉡ 20세 이하의 인구는 2010년(18,403,373명), 2015년(17,178,526명), 2020년(15,748,774명)이다.

㉣ 2010년 대비 2020년의 30세 이하 인구는 모두 감소하였다.
• 0~10세 인구 : 972,287명 감소
• 11~20세 인구 : 1,682,312명 감소
• 21~30세 인구 : 628,123명 감소

┃51~52┃ 다음은 A공항, B공항, C공항, D공항, E공항을 이용한 승객을 연령별로 분류해 놓은 표이다. 물음에 답하시오.

구분	10대	20대	30대	40대	50대	총 인원수
A공항	13%	36%	20%	15%	16%	5,000명
B공항	8%	21%	33%	24%	14%	3,000명
C공항	−	17%	37%	39%	7%	1,500명
D공항	−	11%	42%	30%	17%	1,000명
E공항	18%	23%	15%	28%	16%	4,500명

33 A공항의 이용승객 중 20대 승객은 모두 몇 명인가?

① 1,600명   ② 1,700명

③ 1,800명   ④ 1,900명

⑤ 2,000명

✔**해설** $5,000 \times 0.36 = 1,800$명

34 B공항 이용승객 중 30대 이상 승객은 D공항 30대 이상 승객의 약 몇 배인가? (소수점 둘째 자리에서 반올림하시오.)

① 2.3배   ② 2.4배

③ 2.5배   ④ 2.6배

⑤ 2.7배

✔**해설** B공항의 30대 이상 승객 : 33%+24%+14% = 71%이므로 $3,000 \times 0.71 = 2,130$명
D공항의 30대 이상 승객 : 42%+30%+17% = 89%이므로 $1,000 \times 0.89 = 890$명
∴ $2,130 \div 890 ≒ 2.4$배

35 다음은 문화산업부문 예산에 관한 자료이다. 다음 중 (개)와 (래)의 합을 구하면?

분야	예산(억 원)	비율(%)
출판	(개)	(대)
영상	40.85	19
게임	51.6	24
광고	(내)	31
저작권	23.65	11
총합	(래)	100

	(개)	(래)
①	29.25	185
②	30.25	195
③	31.25	205
④	32.25	215
⑤	33.25	225

 해설 ㉠ 영상 분야의 예산은 40.85(억 원), 비율은 19(%)이므로, 40.85 : 19 =(개) : (대)
  • (대)=100−(19+24+31+11)=15%
  • 40.85×15=19×(개),   ∴ 출판 분야의 예산 (개) = 32.25(억 원)
 ㉡ 위와 동일하게 광고 분야의 예산을 구하면, 40.85 : 19 = (내) : 31
  • 40.85×31=19×(내),   ∴ 광고 분야의 예산 (내)=66.65(억 원)
 ㉢ 예산의 총합 (래)는 32.25+40.85+51.6+66.65+23.65=215(억 원)

36 다음 표에 대한 설명으로 옳지 않은 것은?

소득계층별 주거환경 만족도

(단위 : 최저 1점 ~ 최고 4점)

		저소득층		중소득층		고소득층	
		2021	2023	2021	2023	2021	2023
주거환경 만족도	편의시설	2.66	2.76	2.85	2.96	3.01	3.09
	의료시설	2.64	2.76	2.78	2.95	2.92	3.09
	대중교통	2.7	2.8	2.79	2.94	2.97	3.05
	주차시설	2.66	2.67	2.76	2.72	2.95	2.93
	교육환경	2.57	2.71	2.75	2.85	2.88	3
	치안문제	2.77	2.81	2.84	2.9	3.01	3.07
	소음문제	2.69	2.73	2.68	2.72	2.8	2.84
	주변청결	2.88	2.9	2.96	2.95	3.07	3.13
전반적 만족도		2.74	2.78	2.84	2.87	2.99	3

① 고소득층의 주거환경 만족도는 모든 부분에서 증가했다.
② 저소득층의 경우 만족도가 가장 많이 증가한 부분은 교육환경 만족도이다.
③ 중소득층의 경우 만족도가 가장 많이 증가한 부분은 의료시설 만족도이다.
④ 소음문제 만족도는 모든 계층에서 전반적 만족도에 미치지 못한다.
⑤ 중소득층의 경우 만족도가 3점을 넘는 부분이 없다.

✔️**해설** ① 고소득층의 주거환경 만족도는 주차시설 만족도에서 감소했다.

구분	2020년	2021년	2022년
아르헨티나	361	429	418
말레이시아	480	412	396
베트남	387	435	492
러시아	529	631	658
노르웨이	230	224	253
캐나다	385	498	754
브라질	936	458	785

37 이 회사의 전년 대비 2022년 캐나다 수출 상담실적의 증감률은? (단, 소수 둘째자리에서 반올림하시오.)

① 43.2%   ② 47.1%

③ 51.4%   ④ 54.7%

⑤ 56.9%

 해설 증감률 구하는 공식은 $\dfrac{\text{올해 매출}-\text{전년도 매출}}{\text{전년도 매출}}\times100$이다.

따라서 $\dfrac{754-498}{498}\times100 ≒ 51.4(\%)$

38 2021년 이 회사의 남미 국가 수출 상담실적은 동남아 국가의 몇 배인가? (단, 소수 셋째자리에서 반올림하시오.)

① 1.00배   ② 1.05배

③ 1.10배   ④ 1.15배

⑤ 1.20배

 해설 2021년 남미 국가 수출 상담실적은 429(아르헨티나)+458(브라질) = 887이고,
동남아 국가 수출 상담실적은 412(말레이시아)+435(베트남) = 847이므로
$\dfrac{887}{847} ≒ 1.05$배이다.

| 39~40 | 다음은 지역별 재건축 및 대체에너지 설비투자 현황에 관한 자료이다. 물음에 답하시오.

(단위 : 건, 억 원, %)

| 지역 | 재건축 건수 | 건축공사비(A) | 대체에너지 설비투자액 | | | | 대체에너지 설비투자 비율 |
			태양열	태양광	지열	합(B)	
강남	28	15,230	32	150	385	567	( )
강북	24	11,549	29	136	403	568	( )
분당	26	13,697	33	264	315	612	4.46
강서	31	10,584	26	198	296	520	( )
강동	22	8,361	13	210	338	561	6.70

※ 대체에너지 설비투자 비율 = (B/A)×100

39 다음 중 옳지 않은 것은?

① 재건축 건수 1건당 건축공사비가 가장 적은 곳은 강서이다.
② 강남~강동 지역의 대체에너지 설비투자 비율은 각각 4% 이상이다.
③ 강동 지역에서 지열 설비투자액이 280억 원으로 줄어들어도 대체에너지 설비투자 비율은 6% 이상이다.
④ 대체에너지 설비투자액 중 태양광 설비투자액 비율이 두 번째로 낮은 지역은 대체에너지 설비투자 비율이 가장 낮다.
⑤ 재진축 건수가 가장 많은 곳은 강서이다.

✔해설 강남 지역의 대체에너지 설비투자 비율은 3.72%이다.

$$\frac{567}{15,230} \times 100 ≒ 3.72(\%)$$

40 강서 지역의 지열 설비투자액이 250억 원으로 줄어들 경우 대체에너지 설비투자 비율의 변화는?

① 약 0.35%ₚ 감소
② 약 0.38%ₚ 감소
③ 약 0.41%ₚ 감소
④ 약 0.44%ₚ 감소
⑤ 약 0.47%ₚ 감소

✔해설 강서 지역의 지열 설비투자액이 250억 원으로 줄어들 경우 대체에너지 설비투자액의 합(B)은 474억 원이 된다. 이때의 대체에너지 설비투자 비율은 $\frac{474}{10,584} \times 100 ≒ 4.47$이므로 원래의 대체에너지 설비투자 비율인 4.91에 비해 약 0.44%ₚ 감소한 것으로 볼 수 있다.

41 다음은 2022년 국가별 수출입 실적표이다. 표에 대한 설명 중 옳지 않은 것은?

국가	수출건수	수출금액	수입건수	수입금액	무역수지
브라질	485,549	9,685,217	68,524	4,685,679	4,999,538
중국	695,541	26,574,985	584,963	14,268,957	12,306,028
인도	74,218	6,329,624	19,689	967,652	5,361,972
그리스	54,958	7,635,148	36,874	9,687,452	−2,052,304

① 2022년 수출금액이 가장 큰 국가는 중국이다.
② 그리스는 위 4개국 중 수출건수가 가장 적다.
③ 브라질과 인도의 무역수지를 더한 값은 중국의 무역수지 값보다 크다.
④ 브라질과 그리스의 수입금액의 합은 중국의 수입금액보다 크다.
⑤ 인도는 위 4개국 중 수입건수가 가장 적다.

✔해설 ③ 브라질과 인도의 무역수지를 더한 값은 중국의 무역수지 값보다 작다.
① 중국이 26,574,985로 수출금액이 가장 크다.
② 그리스는 54,958로 수출건수가 가장 적다.
④ 브라질과 그리스의 수입금액의 합은 14,373,131로 중국의 수입금액보다 104,174 크다.
⑤ 인도는 19,689로 수입건수가 가장 적다.

|42~43| 다음은 철수의 3월 생활비 40만 원의 항목별 비율을 나타낸 자료이다. 물음에 답하시오.

구분	학원비	식비	교통비	기타
비율(%)	35	15	35	15

42 식비 및 교통비의 지출 비율이 아래 표와 같을 때 다음 설명 중 가장 적절한 것은 무엇인가?

〈표1〉 식비 지출 비율

항목	채소	과일	육류	어류	기타
비율(%)	30	20	25	15	10

〈표2〉 교통비 지출 비율

교통수단	버스	지하철	자가용	택시	기타
비율(%)	50	25	15	5	5

① 식비에서 채소 구입에 사용한 금액은 교통비에서 자가용 이용에 사용한 금액보다 크다.

② 교통비에서 지하철을 타는데 지출한 비용은 식비에서 육류를 구입하는데 지출한 비용의 약 2.3배에 달한다.

③ 철수의 3월 생활비 중 교통비에 지출된 금액은 총 12만 5천 원이다.

④ 교통비에서 자가용을 타는데 지출한 금액은 식비에서 과일과 어류를 구입하는데 지출한 비용보다 크다.

⑤ 식비에서 육류 구입에 사용한 금액은 어류 구입에 사용한 금액의 2배이다.

✔해설 각각의 금액을 구해보면 다음과 같다.

철수의 3월 생활비 40만 원의 항목별 비율과 금액

구분	학원비	식비	교통비	기타
비율(%)	35	15	35	15
금액(만 원)	14	6	14	6

〈표1〉 식비 지출 비율과 금액

항목	채소	과일	육류	어류	기타
비율(%)	30	20	25	15	10
금액(만 원)	1.8	1.2	1.5	0.9	0.6

〈표2〉 교통비 지출 비율과 금액

교통수단	버스	지하철	자가용	택시	기타
비율(%)	50	25	15	5	5
금액(만 원)	7	3.5	2.1	0.7	0.7

① 식비에서 채소 구입에 사용한 금액 : 1만 8천 원
　 교통비에서 자가용 이용에 사용한 금액 : 2만 1천 원
② 교통비에서 지하철을 타는데 지출한 비용 : 3만 5천 원
　 식비에서 육류를 구입하는데 지출한 비용 : 1만 5천 원
③ 철수의 3월 생활비 중 교통비 : 14만 원
④ 교통비에서 자가용을 타는데 지출한 금액 : 2만 1천 원
　 식비에서 과일과 어류를 구입하는데 지출한 비용 : 1만 2천 원+9천 원
⑤ 식비에서 육류 구입에 사용한 금액 : 1만 5천 원
　 식비에서 어류 구입에 사용한 금액 : 9천 원

43 철수의 2월 생활비가 35만 원이었고 각 항목별 생활비의 비율이 3월과 같았다면 3월에 지출한 교통비는 2월에 비해 얼마나 증가하였는가?

① 17,500원　　　　　　　　　　② 19,000원

③ 20,500원　　　　　　　　　　④ 22,000원

⑤ 24,500원

✔해설 2월 생활비 35만원의 항목별 금액은 다음과 같다.

구분	학원비	식비	교통비	기타
비율(%)	35	15	35	15
금액(만 원)	12.25	5.25	12.25	5.25

따라서 3월에 교통비가 14만 원이므로 2월에 비해 17,500원 증가하였다.

|44~45| 다음은 최근 5년간 5개 도시의 지하철 분실물개수와 분실물 중 핸드폰 비율을 조사한 결과이다. 물음에 답하시오.

[표 1] 도시별 분실물 습득현황

(단위 : 개)

연도 도시	2020년	2021년	2022년	2023년	2024년
A	49	58	45	32	28
B	23	25	27	28	24
C	19	24	31	39	48
D	30	52	48	54	64
E	31	28	29	24	19

[표 2] 도시별 분실물 중 핸드폰 비율

(단위 : %)

연도 도시	2020년	2021년	2022년	2023년	2024년
A	40	41	44	49	50
B	78	60	55	71	83
C	47	45	74	58	54
D	60	61	62	61	57
E	48	39	48	50	68

44 다음 중 옳지 않은 것은?

① A도시는 분실물 중 핸드폰의 비율이 꾸준히 증가하고 있다.

② 분실물이 매년 가장 많이 습득되는 도시는 D이다.

③ 2024년 A도시에서 발견된 핸드폰 개수는 14개이다.

④ D도시의 2024년 분실물 개수는 2020년과 비교하여 50% 이상 증가하였다.

⑤ 2022년 E도시에서 발견된 분실물 개수는 29개이다.

✔해설 ② 2020년, 2021년에는 A도시의 분실물이 가장 많이 습득되었다.

45 다음 중 분실물로 핸드폰이 가장 많이 발견된 도시와 연도는?

① D도시, 2021년　　　　　　　　② B도시, 2021년

③ B도시, 2019년　　　　　　　　④ C도시, 2020년

⑤ A도시, 2024년

> ✔해설　① $54 \times 0.61 = 32.94$
> ② $28 \times 0.71 = 19.88$
> ③ $25 \times 0.60 = 15$
> ④ $31 \times 0.74 = 22.94$
> ⑤ $28 \times 0.50 = 14$

46 다음은 OECD 가입 국가별 공공도서관을 비교한 표이다. 다음 중 바르게 설명한 것을 고르면?

국명	인구수	도서관수	1관당 인구수	장서수	1인당 장서수	기준년도
한국	49,268,928	607	81,168	54,450,217	1.11	2021
미국	299,394,900	9,198	31,253	896,786,000	3.1	2019
영국	59,855,742	4,549	13,158	107,654,000	1.8	2019
일본	127,998,984	3,111	41,144	356,710,000	2.8	2020
프랑스	60,798,563	4,319	14,077	152,159,000	2.51	2019
독일	82,505,220	10,339	7,980	125,080,000	1.5	2019

> ㉠ 2021년 우리나라 공공도서관 수는 607개관이며, 8만 1천 명 당 1개관 수준으로 인구 대비 도서관 수와 이용자 서비스의 수준이 떨어진다.
> ㉡ 우리나라의 1관 당 인구수가 미국 대비 약 2.5배, 일본 대비 약 2배로 도서관 수가 OECD 가입 국가 대비 현저히 부족하다.
> ㉢ 우리나라의 도서관수는 현재 미국이나, 일본의 2분의 1 수준이나 영국 등과는 비슷한 수준이다.
> ※ 단, 수치는 백의 자리에서 버림, 소수 둘째자리에서 반올림한다.

① ㉠　　　　　　　　　　　　② ㉠, ㉡

③ ㉠, ㉢　　　　　　　　　　④ ㉡, ㉢

⑤ ㉠, ㉡, ㉢

> ✔해설　㉢ 미국이나 일본의 2분의 1 수준에도 미치지 못한다.

|47~48| 다음은 2020년부터 2024년까지 5년 동안 A, B, C사의 매출액을 나타낸 것이다. 표를 보고 다음 물음에 답하시오.

(단위 : 백만 원)

	2020년	2021년	2022년	2023년	2024년
A사	58,365,216	62,682,974	65,914,653	72,584,689	79,519,753
B사	49,682,581	61,585,268	72,914,358	79,358,621	84,695,127
C사	69,548,587	65,845,239	63,254,169	59,473,982	55,691,472

47 2020년부터 2024년까지 A사의 매출액은 얼마만큼 증가하였나?

① 21,154,517백만 원 ② 21,154,527백만 원

③ 21,154,537백만 원 ④ 21,154,547백만 원

⑤ 21,154,557백만 원

✔ 해설 $79,519,753 - 58,365,216 = 21,154,537$

48 B사의 2024년 매출액은 2020년 매출액의 몇 배인가? (소수 셋째 자리에서 반올림하시오.)

① 1.53 ② 1.69

③ 1.70 ④ 1.84

⑤ 1.96

✔ 해설 $84,695,127 \div 49,682,581 \fallingdotseq 1.70\cdots$

▌49~50 ▌ 다음은 어느 가전제품 매장의 종류별 판매비율을 나타낸 자료이다. 물음에 답하시오.

(단위 : %)

종류	2021년	2022년	2023년	2024년
핸드폰	33.5	35.5	37.0	39.0
TV	14.0	13.5	16.5	17.0
냉장고	19.0	21.0	16.5	15.5
컴퓨터	22.0	20.5	19.0	17.5
카메라	11.5	9.5	11.0	11.0

49 2024년 총 판매개수가 2,500개라면 핸드폰의 판매개수는 몇 개인가?

① 955개   ② 965개
③ 975개   ④ 985개
⑤ 995개

> **해설** 2022년 핸드폰의 판매비율은 39.0%이므로
> 판매개수는 2,500×0.39 = 975(개)

50 다음 중 옳지 않은 것은?

① 최근 4년 동안 판매비율의 폭이 가장 크게 변화한 제품은 컴퓨터이다.
② 최근 4년 동안 컴퓨터의 판매비율은 4.5%ₚ 감소하였다.
③ 2021년과 비교할 때 카메라의 2023년 판매비율은 다른 제품에 비해 큰 변화를 보이지 않고 있다.
④ TV의 판매비율은 2024년에 처음으로 냉장고의 판매비율을 앞질렀다.
⑤ 핸드폰 판매비율은 꾸준히 증가하였다.

> **해설** 최근 4년 동안 판매비율의 변동 폭
> • 핸드폰 : $39.0-33.5 = 5.5\%_p$
> • TV : $17.0-14.0 = 3\%_p$
> • 냉장고 : $19.0-15.5 = 3.5\%_p$
> • 컴퓨터 : $22.0-17.5 = 4.5\%_p$
> • 카메라 : $11.5-11.0 = 0.5\%_p$

문제해결력

|1~5| 다음 조건을 보고 각 물음에 답하시오.

〈조건〉

상태 계기판을 확인하고, 각 계기판이 가리키는 수치들을 표와 대조하여, 아래와 같은 적절한 행동을 취하시오.

㉠ 안전 : 그대로 둔다.

㉡ 경계 : 파란 레버를 내린다.

㉢ 경고 : 빨간 버튼을 누른다.

알림은 안전, 경계, 경고 순으로 격상되고, 역순으로 격하한다.

〈표〉

상태	허용 범위	알림
α	A와 B의 평균 ≤ 10	안전
	10 < A와 B의 평균 < 20	경계
	A와 B의 평균 ≥ 20	경고
χ	$\lvert A-B \rvert \leq 20$	안전
	$20 < \lvert A-B \rvert < 30$	경계
	$30 \leq \lvert A-B \rvert$	경고
π	$3 \times A > B$	안전
	$3 \times A = B$	경계
	$3 \times A < B$	경고

1

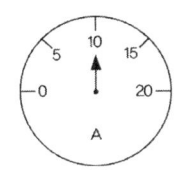 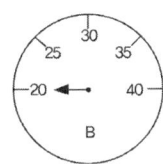 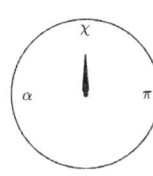

① 그대로 둔다.　　　　② 파란 레버를 내린다.

③ 파란 레버를 올린다.　② 빨간 버튼을 누른다.

⑤ 알 수 없다.

✔️해설 χ상태이므로, $|A-B| = |10-20| = 10$

$|A-B| \leq 20$이므로 안전이다.

2

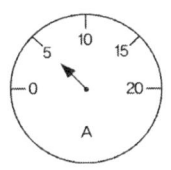 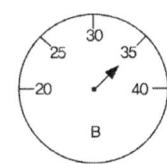 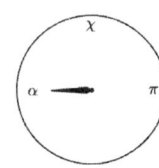

① 그대로 둔다.　　　　② 파란 레버를 내린다.

③ 파란 레버를 올린다.　④ 빨간 버튼을 누른다.

⑤ 알 수 없다.

✔️해설 α상태이므로, A와 B의 평균은 $\dfrac{5+35}{2} = 20$

$|A-B| \geq 20$이므로 경고다.

3

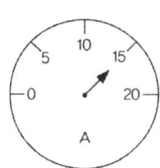 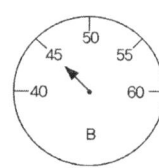 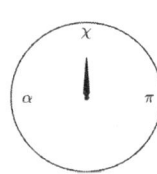

① 그대로 둔다.   ② 파란 레버를 내린다.

③ 파란 레버를 올린다.   ④ 빨간 버튼을 누른다.

⑤ 알 수 없다.

> ✔ 해설 χ상태이므로, $|A-B| = |15-45| = 30$
> $30 \leq |A-B|$이므로 경고다.

4

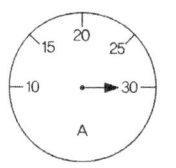 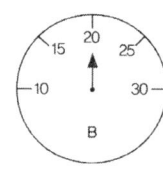 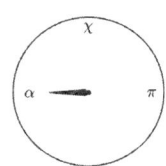

① 그대로 둔다.   ② 파란 레버를 내린다.

③ 파란 레버를 올린다.   ④ 빨간 버튼을 누른다.

⑤ 알 수 없다.

> ✔ 해설 α상태이므로, A와 B의 평균은 $\dfrac{30+20}{2} = 25$
> A와 B의 평균 ≥ 20이므로 경고다.

5

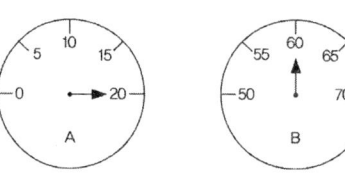 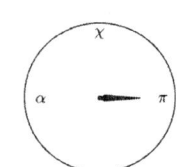

① 그대로 둔다.   ② 파란 레버를 내린다.

③ 파란 레버를 올린다.   ④ 빨간 버튼을 누른다.

⑤ 알 수 없다.

> ✔ 해설 π상태이므로, $3 \times A = 60$
> $3 \times A = B$이므로 경계다.

6~10 ▌ 휴대폰 판매점의 위치가 다음과 같다. 교통수단으로는 지하철을 이용하고, 지하철로 한 정거장을 이동할 때 는 3분이 소요되며, 환승하는 시간은 6분이 소요된다. 각 물음에 답하시오.

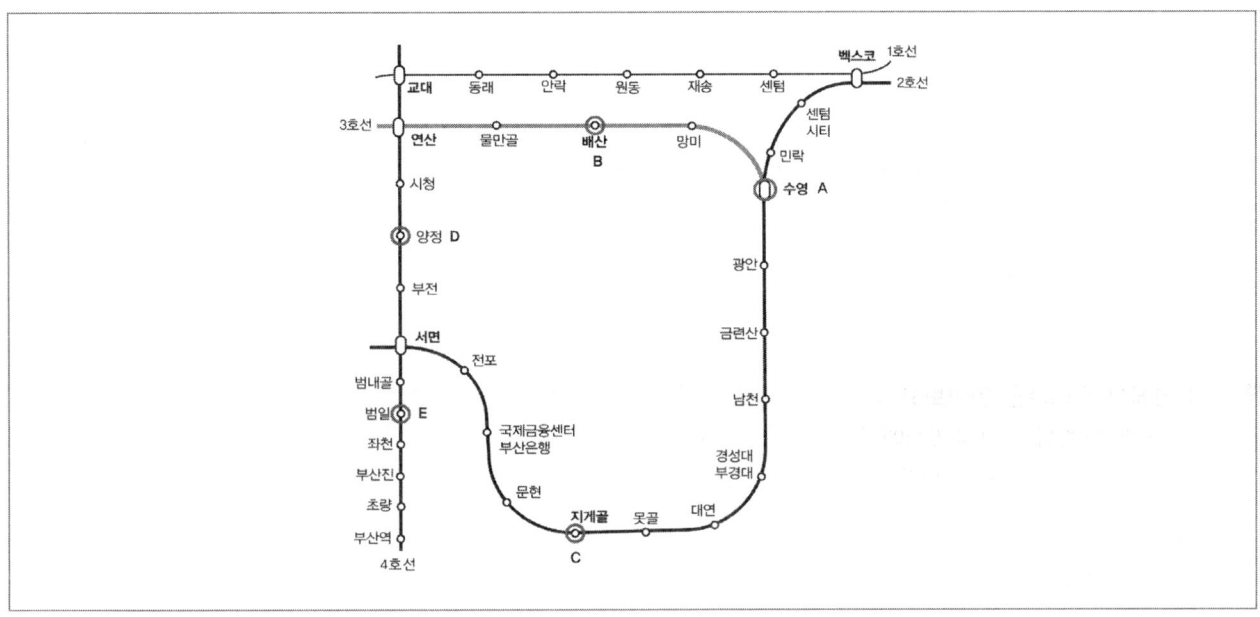

6   당신은 지금 A역에서 휴대폰을 알아보고 있다. 1시에 거래처와 중요한 미팅이 E역에서 있어 반드시 10분 전 에는 도착해야 한다면, 최소 몇 시에 출발해야 하는가?

① 12시 14분   ② 12시 15분

③ 12시 16분   ④ 12시 17분

⑤ 12시 18분

> **✔해설** 3호선을 타고 연산에서 환승한 뒤, E역으로 가는 것이 가장 효율적이다.
> 10개의 정거장과 1번의 환승을 거치게 되므로 총 36분이 걸린다. 12시 50분까지 도착하기 위해서는 12시 14 분에는 출발해야 한다.

7   오늘 휴대폰 매장을 모두 들려서 가격비교를 해보려고 한다. 다음 중 가장 효율적으로 이동할 수 있는 경로는 무엇인가?

① A － B － D － E － C   ② A － C － E － D － B

③ A － B － D － C － E   ④ A － C － D － E － B

⑤ A － B － E － D － C

> **✔해설** ①의 경로로 이동하면 총 16정거장과 2번의 환승을 거치게 되므로 가장 효율적인 이동 경로가 된다.

Answer   3.④ 4.④ 5.② 6.① 7.①

8 위와 같이 이동할 때 이동시간만 최소 몇 분이 소요되는가?

① 50분   ② 55분
③ 60분   ④ 65분
⑤ 70분

> ✔해설   A − B : 2정거장 = 6분
> B − D : 4정거장, 1번 환승 = 18분
> D − E : 4정거장 = 12분
> E − C : 6정거장, 1번 환승 = 24분
> 6+18+12+24 = 60(분)

9 D역에서 휴대폰을 알아보고 있는데, 친구에게 C와 E역 판매점의 가격 조건이 더 좋다는 전화를 받았다. C역과 E역 판매점은 각각 6시에 문을 닫는다. 두 개의 판매점을 모두 들르기 위해서는 최소 몇 시에 출발해야 하는가? (단, 둘러보는 시간은 포함하지 않는다)

① 5시 30분   ② 5시 28분
③ 5시 26분   ④ 5시 24분
⑤ 5시 22분

> ✔해설   D − E : 4정거장 = 12분
> E − C : 6정거장, 1번 환승 = 24분
> 12+24 = 36(분)
> 따라서 5시 24분 전에는 출발해야 한다.

10 오늘은 세 곳의 가격만 비교해보려고 집으로 돌아갈 예정이다. 집이 있는 민락역에서 12시에 출발해서 B, C, E 순으로 이동한다면, 마지막 E역에 도착하는 시간은 몇 시인가?

① 1시 2분   ② 1시 12분
③ 1시 22분   ④ 1시 32분
⑤ 1시 42분

> ✔해설   민락 − B : 3정거장, 1번 환승 = 15분
> B − C : 9정거장, 1번 환승 = 33분
> C − E : 6정거장, 1번 환승 = 24분
> 총 소요되는 시간은 15+33+24 = 72분이다.
> 따라서 E역에 도착하는 시간은 1시 12분이다.

스위치	기능
♤	1번과 2번 기계를 오른쪽으로 180도 회전시킨다.
♠	1번과 3번 기계를 오른쪽으로 180도 회전시킨다.
♡	2번과 3번 기계를 오른쪽으로 180도 회전시킨다.
♥	3번과 4번 기계를 오른쪽으로 180도 회전시킨다.
♧	1번 기계와 4번 기계의 작동상태를 다른 상태로 바꾼다. (운전→정지, 정지→운전)
♣	2번 기계와 3번 기계의 작동상태를 다른 상태로 바꾼다. (운전→정지, 정지→운전)
◉	모든 기계의 작동상태를 다른 상태로 바꾼다. (운전→정지, 정지→운전)

△=운전, ▲=정지

11 처음 상태에서 스위치를 세 번 눌렀더니 화살표 모양과 같은 상태로 바뀌었다. 어떤 스위치를 눌렀는가?

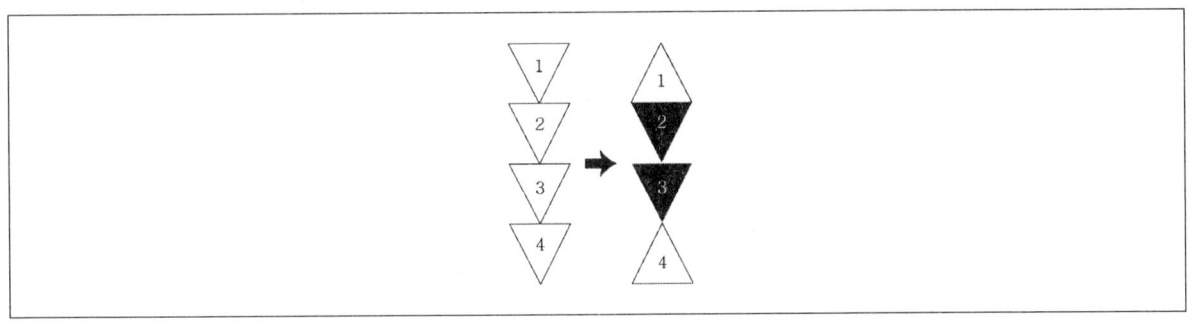

① ♤ ♡ ♧
② ♠ ♥ ♣
③ ♤ ♥ ♧
④ ♠ ♡ ♣
⑤ ♤ ♥ ♣

✔해설 ㉠ 1번 기계와 3번 기계를 오른쪽으로 180도 회전시킨다.
ㄴ 3번 기계와 4번 기계를 오른쪽으로 180도 회전시킨다.
ㄷ 2번 기계와 3번 기계의 작동상태를 다른 상태로 바꾼다.
(운전→정지, 정지→운전)

Answer 8.③ 9.④ 10.② 11.②

12 처음 상태에서 스위치를 세 번 눌렀더니 화살표 모양과 같은 상태로 바뀌었다. 어떤 스위치를 눌렀는가?

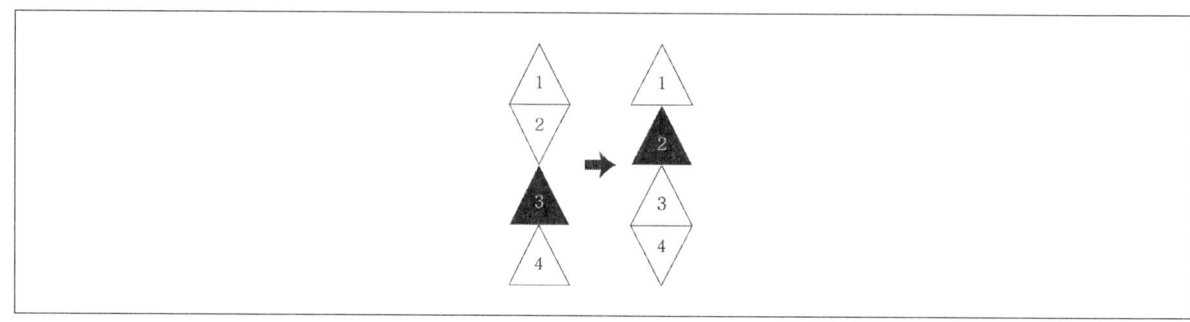

① ♤ ♠ ♣
② ♡ ♥ ♧
③ ♡ ♥ ♣
④ ♠ ♥ ♣
⑤ ♡ ♡ ♣

✔해설 ㉠ 2번 기계와 3번 기계를 오른쪽 방향으로 180도 회전시킨다.
㉡ 3번 기계와 4번 기계를 오른쪽 방향으로 180도 회전시킨다.
㉢ 2번 기계와 3번 기계의 작동상태를 다른 상태로 바꾼다.
(운전→정지, 정지→운전)

13 처음 상태에서 스위치를 세 번 눌렀더니 화살표 모양과 같은 상태로 바뀌었다. 어떤 스위치를 눌렀는가?

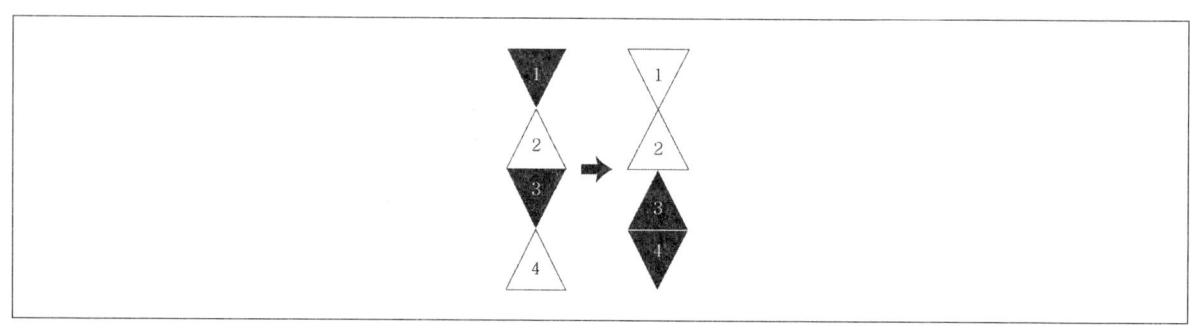

① ◉ ♡ ♤
② ♡ ♧ ♥
③ ♥ ♧ ♣
④ ♥ ◉ ♣
⑤ ♡ ◉ ♤

✔해설 ㉠ 3번 기계와 4번 기계를 오른쪽으로 180도 회전한다.
㉡ 모든 기계의 작동상태를 다른 상태로 바꾼다.(운전 → 정지, 정지 → 운전)
㉢ 2번 기계와 3번 기계의 작동상태를 다른 상태로 바꾼다.(운전 → 정지, 정지 → 운전)

|14~15| 다음 표를 참고하여 이어지는 물음에 답하시오.

스위치	기능
★	1번, 3번 도형을 시계 방향으로 90도 회전함
☆	2번, 4번 도형을 시계 방향으로 90도 회전함
▲	1번, 2번 도형을 시계 반대 방향으로 90도 회전함
△	3번, 4번 도형을 시계 반대 방향으로 90도 회전함
◆	1번, 4번 도형을 180도 회전함
◇	2번, 3번 도형을 180도 회전함

14 처음 상태에서 스위치를 세 번 눌렀더니 다음과 같이 바뀌었다. 어떤 스위치를 눌렀는가?

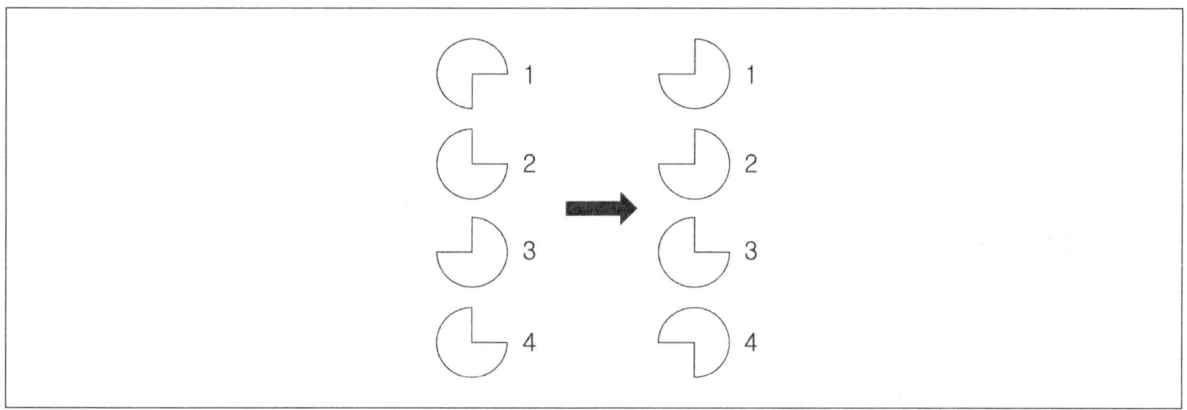

① ▲, ◆, △

② △, ★, ◇

③ △, ◇, ★

④ ★, ◇, △

⑤ ★, ▲, ◆

✔해설 ★, ▲, ◆를 누르면 다음과 같은 순서로 변화하게 된다.

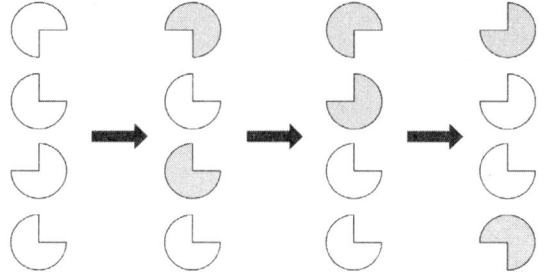

15 처음 상태에서 스위치를 두 번 눌렀더니 다음과 같이 바뀌었다. 어떤 스위치를 눌렀는가?

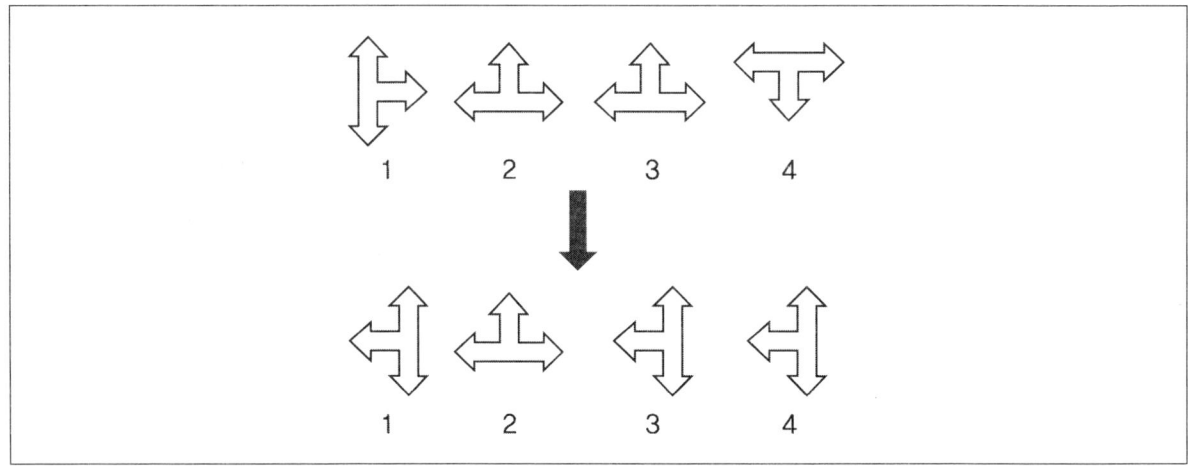

① ☆, ◇   ② ▲, ★

③ △, ◇   ④ ◆, △

⑤ ▲, ◆

✔ **해설** ◆, △를 누르면 다음과 같은 순서로 변화하게 된다.

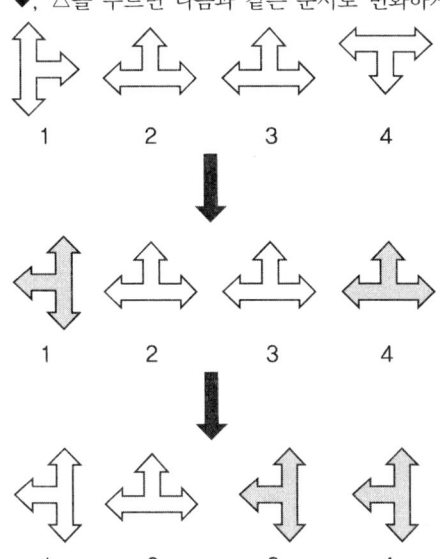

[고장이라고 생각하기 전에]

이런 증상일 때는?	이렇게 확인하세요.
제품 사용 중 입력이 되지 않거나 화면이 멈추고 꺼질 때	잠금/전원 버튼을 8초 이상 누를 경우 자동 전원 리셋되며, 작동하지 않을 경우 15초 이상 누르면 전원이 꺼집니다. 제품의 전원을 끈 후 다시 켤 때는 약 5초 정도 경과 후 켜 주세요. 그래도 변함이 없다면 배터리를 충분히 충전시킨 후 사용해 보거나 고객상담실로 문의 후 가까운 서비스센터에서 제품확인을 받으세요.
제품에서 열이 날 때	게임, 인터넷 등을 오래 사용하면 열이 발생할 수도 있습니다. 제품의 수명과 성능에는 영향이 없습니다.
충전 중 터치 오작동 또는 동작 안 할 때	미 인증 충전기 사용 시 발생할 수 있습니다. 제품 구매 시 제공된 충전기를 사용하세요.
배터리가 충분히 남았는데 제품이 켜지지 않을 때	고객상담실로 문의 후 가까운 서비스센터에서 제품 확인을 받으세요.
제품에 있는 데이터가 지워졌을 때	제품 재설정, 고장 등으로 인해 데이터가 손상된 경우에 백업한 데이터가 없으면 복원할 수 없습니다. 이를 대비하여 미리 데이터를 백업하세요. 제조업체는 데이터 유실에 대한 피해를 책임지지 않으니 주의하세요.
사진을 찍으려는데 화면이 깨끗하지 않을 때	카메라 렌즈에 이물질이 묻어 있을 수 있으니 부드러운 천으로 깨끗이 닦은 후, 사용해 보세요.
사용 중 화면이 어두워질 때	제품 온도가 너무 높거나, 배터리 레벨이 낮아지면 사용자 안전과 절전을 위해 화면 밝기가 제한될 수 있습니다. 제품 사용을 잠시 중단하고 배터리 충전 후 재사용 해 주시기 바랍니다.
사진/동영상, 멀티미디어 콘텐츠가 재생되지 않을 때	부가 서비스 업체에서 공식 제공된 콘텐츠를 지원합니다. 그 외 인터넷을 통해 유포되는 콘텐츠(동영상, 배경화면 등)는 재생되지 않을 수 있습니다.
충전전류 약함 현상 알림 문구가 뜰 때	USB케이블로 PC와 제품을 연결해서 충전을 하는 경우 또는 비정품 충전기로 충전을 하는 경우 전류량이 낮아 충전이 늦어질 수 있어 충전 지연 현상 알림 문구가 표시됩니다. 제품 구매 시 제공된 정품 충전기로 충전하세요. 정품 충전기 사용 시 충전 지연 현상 알림 문구는 표시되지 않습니다.

16 제품을 사용하다 갑자기 화면이 멈추고 꺼질 경우 이에 대한 대처방법으로 적절한 것은?

① 제품 온도가 너무 높을 경우이므로 제품사용을 잠시 중단한다.

② 제품구매시 제공된 정품 충전기를 사용하여 충전한다.

③ 전원을 끈 후 5초 후 다시 켠다.

④ 오래 사용한 것이므로 잠시 제품사용을 중단한다.

⑤ 부드러운 천으로 화면을 깨끗이 닦는다.

> ✔해설 잠금/전원 버튼을 8초 이상 누를 경우 자동 전원 리셋되며, 작동하지 않을 경우 15초 이상 누르면 전원이 꺼집니다. 제품의 전원을 끈 후 다시 켤 때는 약 5초 정도 경과 후 켜 주세요. 그래도 변함이 없다면 배터리를 충분히 충전시킨 후 사용해 보거나 고객상담실로 문의 후 가까운 서비스센터에서 제품확인을 받으세요.

17 배터리가 충분히 남아있는데도 불구하고 전원이 켜지지 않을 경우 이에 대한 대처방법으로 적절한 것은?

① 고객상담실로 문의 후 가까운 서비스센터를 방문한다.

② 정품 충전기를 사용하여 다시 충전을 한다.

③ 전원버튼을 8초 이상 눌러 리셋을 시킨다.

④ 전원버튼을 15초 이상 눌러 완전히 전원을 끈 후 다시 켠다.

⑤ 제품 사용을 잠시 중단하고 배터리를 충전한다.

> ✔해설 고객상담실로 문의 후 가까운 서비스센터에서 제품 확인을 받으세요.

| 18~19 | 다음은 포켓파이의 사용 설명서이다. 각 물음에 답하시오.

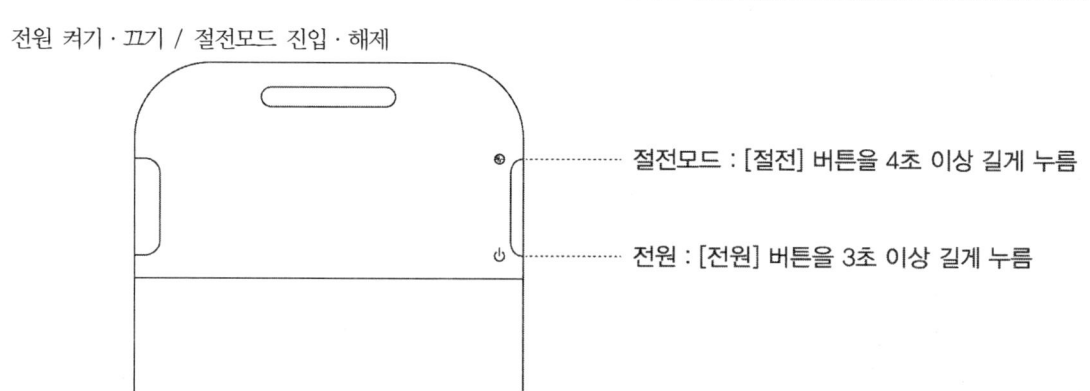

전원 켜기 · *끄기* / 절전모드 진입 · 해제

절전모드 : [절전] 버튼을 4초 이상 길게 누름

전원 : [전원] 버튼을 3초 이상 길게 누름

① 전원 켜기
- [전원] 버튼을 약 3초간 길게 누르면 전면의 LED가 점등됩니다.
- 모든 LED가 파란색으로 순차 점멸하는 부팅 과정이 끝나면 사용이 가능합니다.

② 전원 *끄기* : 전원이 켜진 상태에서 [전원] 버튼을 약 3초간 길게 누르면 모든 LED가 소등되며 전원이 꺼집니다.

③ 절전모드 진입
- [절전] 버튼을 약 4초간 길게 누르면 모든 LED가 꺼진 후 절전모드로 진입합니다.
- 절전모드 상태에서 전원 버튼을 짧게 눌러 배터리 LED를 통해 절전 상태임을 확인할 수 있습니다.

④ 절전모드 해제
  [절전] 버튼을 약 4초간 길게 누르면 모든 LED가 현재 상태를 표시하며 절전모드가 해제됩니다.

LED 확인

LTE 신호세기 LED		
	파란색 점등	LTE 신호세기 (강)
	분홍색 점등	LTE 신호세기 (중)
	빨간색 점등	LTE 신호세기 (약)
	빨간색 점멸	LTE 서비스 음영 지역
	파란색 점멸	LTE 네트워크 접속 중
	분홍색 점멸	LTE 네트워크 접속 실패/인증 오류

Answer 16.③ 17.①

WiFi LED		
	파란색 점등	2.4GHz WiFi 동작 중
	녹색 점등	5GHz WiFi 동작 중
	노란색 점등	블루투스 절전 통신 상태
	노란색 점멸	블루투스 페어링 상태
	파란색 점멸	2.4GHz Guest WiFi 동작 중
	녹색 점멸	5GHz Guest WiFi 동작 중
	분홍색 점등	문자 메시지 수신 및 미확인 문자 메시지 존재
	빨간색 점등	Web 설정 화면에서 지정한 일/월별 알림 데이터 사용량 초과
	빨간색 점멸	Web 설정 화면에서 지정한 일/월별 최대 데이터 사용량 초과

배터리 LED		
	파란색 점등	배터리 잔량 100 ~ 50% 또는 충전 완료 (충전기 연결 시)
	분홍색 점등	배터리 잔량 49 ~ 20%
	빨간색 점등	배터리 잔량 19 ~ 2% 또는 충전 진행 중 (충전기 연결 시)
	빨간색 점멸	배터리 잔량 1% 미만

기타 상태 표시 LED		
	분홍색 동시 점멸	소프트웨어 입데이드 중
	빨간색 동시 점멸	제품 초기화
	파란색 동시 점멸	개통된 USIM 카드 삽입 후 최종 개통 진행 중
	빨간색 & 분홍색 교차 점멸	자동 개통 완료 (사용자에 의한 재시작 필요)
	파란색 & 분홍색 교차 점멸	USIM 카드 미장착/타사 USIM 카드 장착/USIM PIN Lock/PUK 코드 입력 대기 상태

18 전원을 켜기 위해서는 [전원] 버튼을 몇 초간 눌러야 하는가?

① 1초

② 2초

③ 3초

④ 4초

⑤ 5초

> ✔해설 [전원] 버튼을 약 3초간 길게 누르면 전면의 LED가 점등된다.

19 [전원]이 켜졌을 때 LED에 무슨 색 불이 켜지면 사용이 가능한가?

① 빨간색

② 파란색

③ 분홍색

④ 노란색

⑤ 녹색

> ✔해설 모든 LED가 파란색으로 순차 점멸하는 부팅 과정이 끝나면 사용이 가능하다.

Answer 18.③ 19.②

| 20~21 | 다음은 광파오븐기의 사용설명서에 나타난 조치사항에 대한 내용이다. 물음에 답하시오.

고장신고 전에 확인하세요.
제품 사용 중 아래의 증상이 나타나면 다시 한 번 확인해 주세요. 고장이 아닐 수 있습니다.

증상	조치방법
진행표시부에 불이 들어오지 않아요	절전 기능이 설정되어 있습니다. 제품 문을 열거나 취소 버튼을 누른 후 사용하세요. 220볼트 콘센트에 꽂혀 있는지 확인하세요.
실내 조리등이 꺼져요	절전 기능이 설정되어 있습니다. 제품 문을 열거나 취소 버튼을 누른 후 사용하세요.
버튼을 눌러도 작동되지 않아요.	제품 문에 덮개 등 이물질이 끼어 있는지 확인한 후 제품 문을 잘 닫고 눌러 보세요. 혹시 잠금장치 기능이 설정되어 있을 수 있습니다. 취소버튼을 4초간 누르면 잠금기능이 해제됩니다.
내부에서 연기나 악취가 나요	음식찌꺼기, 기름 등이 내부에 붙어 있을 수 있습니다. 항상 깨끗이 청소해 주세요. 탈취 기능을 사용하세요.
제품 작동시 옆으로 바람이 나와요	냉각팬이 작동되어 바람의 일부가 내부 전기부품을 식혀주기 위해 옆으로 나올 수 있습니다. 고장이 아니므로 안심하고 사용하세요.
처음 사용할 때 냄새가 나요	제품을 처음 사용시 히터 등 내부부품이 가열되면서 타는 냄새가 나거나 소리가 날 수 있습니다. 사용상 문제가 없으니 안심하고 사용하세요. 탈취기능을 5~10분 사용하면 초기 냄새가 빨리 없어집니다.
조리 후 문이나 진행 표시부에 습기가 생겨요	조리 완료 후 음식물을 꺼내지 않고 방치하면 습기가 찰 수 있으므로 문을 열어 두세요.
조리 중에 불꽃이 일어나요	조리실 내부에 알루미늄 호일이나 금속이 닿지 않았는지 확인하세요. 금선이나 은선이 있는 그릇은 사용하지 마세요.
시작 버튼을 눌러도 동작을 하지 않아요	문이 제대로 닫혀 있지 않은 경우 시작 버튼을 누르면 표시창에 'door'라고 표시됩니다. 문틈에 이물질이 끼어 있는지 확인하고 문을 제대로 닫았는데도 동작하지 않으면 전원코드를 뽑고 서비스 기사에게 전화해 주세요.

20 광파오븐기를 작동시키려고 하는데 자꾸 실내 조리등이 꺼진다. 이럴 경우 적절한 조치 방법은?

① 콘센트에 전원이 제대로 꽂혀 있는지 확인한다.

② 조리실 내부에 금속이나 알루미늄 호일 등이 있는지 확인한다.

③ 제품의 문을 열거나 취소버튼을 누른 후 사용한다.

④ 음식물에 랩 또는 뚜껑을 벗겼는지 확인한다.

⑤ 제품 문에 덮개 등 이물질이 끼어 있는지 확인한다.

> **✔해설** 절전 기능이 설정되어 있습니다. 제품 문을 열거나 취소 버튼을 누른 후 사용하세요.

21 아무리 시작 버튼을 눌러도 제품이 작동을 하지 않을 경우 취할 수 있는 적절한 조치로 알맞은 것은?

① 문을 다시 연 후 취소버튼을 누르고 사용한다.

② 취소 버튼을 4초간 누른다.

③ 문을 제대로 닫았는지 확인한다.

④ 내부를 깨끗이 청소를 한 후 다시 눌러 본다.

⑤ 탈취 기능을 사용한다.

> **✔해설** 제품 문에 덮개 등 이물질이 끼어 있는지 확인한 후 제품 문을 잘 닫고 눌러 보세요. 혹시 잠금장치 기능이 설정되어 있을 수 있습니다. 취소버튼을 4초간 누르면 잠금 기능이 해제됩니다.

Answer 20.③ 21.③

다음은 부기보드의 제품 설명서이다. 각 물음에 답하시오.

기술사양

① 치수
- 제품 크기 : 283mm×190×11 (11.1인치×7.5×0.4)
- LCD 크기 : 241mm (9.5인치)

② 무게
- 제품 무게 : 312g (11온스)

③ 온보드 메모리
- 용량 : 최대 1,000개의 PDF 파일

④ 연결성
- Bluetooth 2.1+EDR
- −비행기 모드 : 지우기 버튼을 누르고 있는 동안 전원 켜짐
- −Bluetooth® 페어링 모드 : 저장 버튼을 누르고 있는 동안 전원 켜짐
- 마이크로USB 포트

⑤ 전원
- 켜기/끄기 버튼
- 한 번의 충전으로 일반적으로 최대 일주일 사용
- 절전 모드 : 1시간의 비활성 후

⑥ 색
- 장식을 위한 오렌지색 및 검은색

⑦ 호환성
- Mac OSX 10.8 이상
- Windows (Vista, 7, 8)
- Android 및 iOS(모바일 앱)

⑧ 보관
- 보관 온도 : −10℃ ~ 65℃(15℉ ~ 145℉) 온도 범위에서 보관
- 작동 온도 : 10℃ ~ 40℃(50℉ ~ 100℉) 온도 범위에서 작동

문제 해결

문제	솔루션
Boogie Board Sync가 반응하지 않습니다. 어떻게 해야 합니까?	1. 켜거나 끄려면 전원 버튼을 누르십시오. 2. USB 케이블을 연결해 Boogie Board Sync eWriter를 반드시 완전히 충전해 두십시오. 3. Boogie Board Sync eWriter를 뒤집어 리셋 버튼의 위치를 찾으십시오. 뭉툭한 핀이나 작은 물체를 이용해 버튼을 누르십시오.
노트 내용과 그림이 기기의 메모리에 저장되지 않습니다.	1. 쓰기는 반드시 제공된 Sync Stylus로 하시기 바랍니다. 상태표시등은 펜이 Boogie Board Sync eWriter에 댈 때 녹색으로 깜빡여야 합니다. 2. 그리기를 마친 후 이미지를 지우기 전에 저장 버튼을 실제로 눌러 파일을 메모리에 저장하도록 하십시오. 3. 기기는 반드시 충전된 상태여야 합니다. 4. 기기의 메모리는 꽉 채우지 않도록 하십시오(꽉 채우면 쓰기를 할 때 상태표시등이 적색으로 깜빡이게 됩니다). 5. 기기가 마이크로 USB 케이블을 통해 컴퓨터에 연결되지 않도록 하십시오. 연결 상태에서는 저장 기능이 작동되지 않습니다. 기기가 무선 연결된 경우에서는 저장이 가능합니다. 6. 뒷면의 리셋 기능으로 데이터가 사라지지 않습니다.
연결시켰는데도 Boogie Board Sync eWriter에 쓰기를 할 때 컴퓨터에 아무 것도 나타나지 않습니다.	먼저 웹사이트 http://www.improvelectronics.com/support/downloads/에서 Sync Virtual Download Companion(VDC)을 내려 받아 시작해야 합니다.

22 펜이 Boogie Board Sync eWriter에 댈 때 상태표시등은 무슨 색으로 깜빡여야 하는가?

① 노란색   ② 적색

③ 파란색   ④ 녹색

⑤ 검정색

> ✔해설 ④ 상태표시등은 펜이 Boogie Board Sync eWriter에 댈 때 녹색으로 깜빡여야 한다.

23 Boogie Board Sync가 반응하지 않을 때, 해결 방안으로 적절하지 않은 것은?

① 뭉툭한 핀이나 작은 물체를 이용해 리셋 버튼을 누른다.

② 리셋 버튼을 눌러 데이터를 삭제한다.

③ 켜거나 끄려면 전원 버튼을 누른다.

④ USB 케이블을 연결해 Boogie Board Sync eWriter를 반드시 완전히 충전해 둔다.

⑤ Boogie Board Sync eWriter를 뒤집어 리셋 버튼의 위치를 찾는다.

> ✔해설 Boogie Board Sync가 반응하지 않을 때의 해결방안
> ㉠ 켜거나 끄려면 전원 비튼을 누르십시오.
> ㉡ USB 케이블을 연결해 Boogie Board Sync eWriter를 반드시 완전히 충전해 두십시오.
> ㉢ Boogie Board Sync eWriter를 뒤집어 리셋 버튼의 위치를 찾으십시오. 뭉툭한 핀이나 작은 물체를 이용해 버튼을 누르십시오.

24 기기의 메모리를 꽉 채우면 쓰기를 할 때 상태표시등은 무슨 색으로 깜빡이는가?

① 노란색   ② 적색

③ 파란색   ④ 녹색

⑤ 검정색

> ✔해설 ② 꽉 채우면 쓰기를 할 때 상태표시등이 적색으로 깜빡이게 된다.

하드 디스크 교환하기
1. 데이터 백업하기
2. 하드 디스크 교환하기
3. 시스템 소프트웨어 재설치하기
4. 백업한 데이터를 PS4에 복사하기

※ 주의사항
• 하드 디스크를 교환하실 때는 AC 전원 코드의 플러그를 콘센트에서 빼 주십시오. 또한 어린이의 손이 닿지 않는 곳에서 해 주십시오. 나사 등의 부품을 실수로 삼킬 위험이 있습니다.
• 본 기기를 사용한 직후에는 본체 내부가 뜨거워져 있습니다. 잠시 그대로 두어 내부열을 식힌 후 작업을 시작해 주십시오.
• 부품 사이에 손가락이 끼거나, 부품의 모서리에 손이나 손가락이 다치지 않도록 충분히 주의해 주십시오.
• 전원을 켤 때는 반드시 HDD 베이 커버를 고정해 주십시오. HDD 베이 커버가 분리되어 있으면 본체 내부 온도 상승의 원인이 됩니다.
• 하드 디스크는 충격이나 진동, 먼지에 약하므로 주의해서 다루어 주십시오.
- 진동이 있거나 불안정한 장소에서 사용하거나 강한 충격을 가하지 마십시오.
- 내부에 물이나 이물질이 들어가지 않게 하십시오.
- 하드 디스크의 단자부를 손으로 만지거나 이물질을 넣지 마십시오. 하드 디스크 고장 및 데이터 파손의 원인이 됩니다.
- 하드 디스크 근처에 시계 등의 정밀기기나 마그네틱 카드 등을 두지 마십시오. 기기 고장이나 마그네틱 카드 손상의 원인이 됩니다.
- 위에 물건을 얹지 마십시오.
- 고온다습하거나 직사광선이 비추는 장소에 두지 마십시오.
• 나사를 조이거나 풀 때는 나사의 크기에 맞는 드라이버를 사용해 주십시오. 사이즈가 맞지 않으면 나사 머리의 홈이 으스러지는 경우가 있습니다.
• 데이터는 정기적으로 백업해 두시기를 권장합니다. 어떤 원인으로 데이터가 소실/파손된 경우, 데이터를 복구/복원할 수 없습니다. 데이터가 소실/피손되어도 당사는 일절 책임을 지지 않습니다. 이 점 양해해 주십시오.
• 시스템 소프트웨어를 설치 중에는 PS4의 전원을 끄거나 USB저장장치를 빼지 마십시오. 설치가 도중에 중단되면 고장의 원인이 됩니다.
• 시스템 소프트웨어 설치중에는 본체의 전원 버튼 및 컨트롤러의 PS 버튼이 기능하지 않게 됩니다.

게임의 저장 데이터 백업하기
PS4에 저장된 게임의 저장 데이터를 USB 저장장치에 복사할 수 있습니다. 필요에 따라 백업해 주십시오.
1. 본체에 USB 저장장치를 연결합니다.
2. 기능 영역에서 설정을 선택합니다.
3. 애플리케이션 저장 데이터 관리 → 본체 스트리지의 저장 데이터 → USB 저장장치에 복사하기를 선택합니다.
4. 타이틀을 선택합니다.
5. 복사할 저장 데이터의 체크 박스에 체크 표시를 한 후 복사를 선택합니다.

25 다음 중 하드 디스크를 교환할 경우 제일 먼저 행해야 할 행동은 무엇인가?

① 데이터 백업하기
② 하드 디스크 교환하기
③ 시스템 소프트웨어 재설치하기
④ 백업한 데이터를 PS4에 복사하기
⑤ 데이터 삭제하기

> ✔ **해설** 가장 먼저 데이터를 백업하여야 한다.

26 하드 디스크 교환시 주의사항으로 옳지 않은 것은?

① 하드 디스크를 교환할 때에는 AC 전원 코드의 플러그를 콘센트에서 빼야 한다.
② 내부에 물이나 이물질이 들어가지 않게 하여야 한다.
③ 고온다습하거나 직사광선이 비추는 장소에 두면 안된다.
④ 나사를 조이거나 풀 때는 나사의 크기에 상관없이 십자 드라이버를 사용해야 한다.
⑤ 시스템 소프트웨어를 설치 중에는 PS4의 전원을 끄거나 USB저장장치를 빼면 안 된다.

> ✔ **해설** 나사를 조이거나 풀 때는 니사의 크기에 맞는 드라이버를 사용해야 한다. 사이즈가 맞시 않으면 나사 머리의 홈이 으스러지는 경우가 발생하기 때문이다.

27 게임의 저장 데이터 백업하는 방법으로 옳지 않은 것은?

① 본체에 USB 저장장치를 연결하여야 한다.
② 기능 영역에서 설정을 선택하도록 한다.
③ 애플리케이션 저장 데이터 관리 → 본체 스트리지의 저장 데이터 → USB 저장장치에 복사하기를 선택한다.
④ 타이틀을 선택하면 바로 복사가 시작된다.
⑤ 복사할 저장 데이터의 체크 박스에 체크 표시를 한 후 복사를 선택하도록 한다.

> ✔ **해설** 타이틀을 선택한 후 복사할 저장 데이터의 체크 박스에 체크 표시를 한 후 복사를 선택하면 복사가 시작된다.

| 28~30 | 다음 글을 읽고 물음에 답하시오.

압력밥솥으로 맛있는 밥짓기

쌀은 계량컵으로! 물은 내솥눈금으로 정확히!	• 쌀은 반드시 계량컵을 사용하여 정확히 계량합니다.(시중에 유통되고 있는 쌀통은 제품에 따라 쌀의 양이 다소 차이가 날 수도 있습니다.) • 물의 양은 내솥을 평평한 곳에 놓고 내솥의 물 높이에 맞춥니다.	쌀의 양과 물의 양이 맞지 않으면 밥이 퍼석하거나 설익거나 질게 될 수가 있습니다.
쌀은 보관방법이 중요!	• 쌀은 가급적이면 소량으로 구입하여 통풍이 잘되고 직사광선이 없는 서늘한 곳에 쌀의 수분이 잘 증발되지 않도록 보관합니다. • 쌀을 개봉한 지 오래되어 말라 있는 경우는 물을 반눈금 정도 더 넣고 취사를 하면 좋습니다.	쌀이 많이 말라 있는 경우는 계량을 정확히 하더라도 밥이 퍼석할 수가 있습니다.
예약 취사 시간은 짧을수록 좋습니다!	쌀이 많이 말라 있는 경우는 가급적 예약 취사를 피하시고 물을 반눈금 정도 더 넣고 취사합니다.	10시간 이상 예약취사하거나 말라있는 쌀을 예약취사할 경우는 밥이 퍼석하거나 설익을 수가 있으며 심한 경우는 층밥이 될 수도 있습니다. 예약 설정 시간이 길어질수록 멜라노이징 현상이 증가할 수 있습니다.
보온시간은 짧을수록 좋습니다!	보온은 12시간 이내로 하는 것이 좋습니다.	장시간 보온을 하게되면 밥색깔이 변하거나 밥에서 냄새가 날 수도 있습니다.
제품은 깨끗하게	청소를 자주 하십시오. 특히, 뚜껑부에 이물질이 묻어 있지 않도록 자주 닦아 주십시오.	청소를 자주 하지 않으면 세균이 번식하여 보온시 밥에서 냄새가 날 수 있습니다.

고장 신고 전에 확인하십시오.

상태	확인사항	조치사항
밥이 되지 않을 때	[취사/쾌속]버튼을 눌렀습니까?	원하는 메뉴 선택 후 반드시 [취사/쾌속] 버튼을 1회 눌러 화면에 '취사 중' 문구가 표시되는지 확인하십시오.
밥이 설익거나 퍼석할 때 또는 층밥이 될 때	계량컵을 사용하셨습니까?	쌀의 양을 계량컵을 사용하여 정확히 계량하여 주십시오. 쌀을 계량컵의 윗면 기준하여 평평하게 맞추면 1인분에 해당됩니다.
	물 조절은 정확히 하셨습니까?	물 조절을 정확히 하십시오. 바닥이 평평한 곳에 내솥을 올려 놓고 내솥에 표시된 눈금에 맞춰 물의 양을 조절하십시오. 내솥에 표시된 눈금을 쌀과 물을 함께 부었을 때의 물눈금을 표시합니다.

Answer 25.① 26.④ 27.④

콩(잡곡/현미)이 설익을 때	콩(잡곡/현미)이 너무 마르지 않았습니까?	콩(현미/잡곡)을 불리거나 삶아서 잡곡메뉴에서 취사를 하십시오. 잡곡의 종류에 따라 설익을 수도 있습니다.
밥이 너무 질거나 된밥일 때	물 조절은 정확히 하셨습니까?	물 조절을 정확히 하십시오. 바닥이 평평한 곳에 내솥을 올려 놓고 내솥에 표시된 눈금에 맞춰 물의 양을 조절하십시오. 내솥에 표시된 눈금은 쌀과 물을 함께 부었을 때의 물눈금을 표시합니다.
취사 도중 밥물이 넘칠 때	계량컵을 사용하셨습니까?	쌀의 양을 계량컵을 사용하여 정확히 계량하여 주십시오. 쌀을 계량컵의 윗면 기준으로 평평하게 맞추면 1인분에 해당됩니다.
밥이 심하게 눌을 때	온도감지기, 내솥 외면에 밥알이 심하게 눌어 붙어 있거나 이물질이 있지는 않습니까?	온도감지기, 내솥외면의 이물질을 제거하여 주십시오.
보온 중 냄새가 날 때	12시간 이상 보온하였거나 너무 적은 밥을 보온하지 않았습니까?	보온시간은 가능한 12시간 이내로 하십시오.
보온 중 보온경과 시간 표시가 깜빡일 때	보온 후 24시간이 경과하지 않으셨습니까?	보온 24시간이 경과하면 보온이 장시간 경과 되었음을 알리는 기능입니다.
뚜껑 사이로 증기가 누설되기니 '삐'히는 휘파람 소리가 날 때	패킹에 이물질(밥알 등)이 묻어 있지 않습니까?	패킹을 행주나 부드러운 헝겊으로 깨끗이 닦은 후 사용하십시오.
취사 또는 요리 중 [취소]버튼이 눌러지지 않을 때	내솥의 내부가 뜨겁지 않습니까?	취사 또는 요리 중 부득이 하게 취소할 경우 내솥 내부 온도가 높으면 안전을 위해 [취소]버튼을 1초간 눌러야 취사 또는 요리가 취소됩니다.
LCD화면에 아무것도 나타나지 않고, 상태 LED에 보라색이 점등 될 때	LCD 통신에 이상이 있을 때 나타납니다.	전원을 차단한 후 고객상담실로 문의하십시오.
취사나 보온시 이상한 소음이 날 때	취사 및 보온 중 '찌'하는 소리가 납니까?	취사 및 보온 중 '찌'하는 소리는 IH 압력밥솥이 동작될 때 나는 소리입니다. 정상입니다.

28 다음 중 보온의 적정시간은 얼마인가?

① 8시간

② 12시간

③ 18시간

④ 24시간

⑤ 36시간

> ✔해설 보온은 12시간 이내로 하는 것이 좋습니다.

29 다음 중 압력밥솥을 이용하여 맛있는 밥짓기 방법이 아닌 것은?

① 쌀과 물은 계량컵을 사용하여 눈금에 정확히 맞춘다.

② 쌀은 가급적이면 소량으로 구입하여 통풍이 잘되고 직사광선이 없는 서늘한 곳에 쌀의 수분이 잘 증발되지 않도록 보관한다.

③ 쌀이 개봉한 지 오래되어 말라 있는 경우는 물을 반눈금 정도 더 넣고 취사한다.

④ 쌀이 많이 말라 있는 경우는 가급적 예약취사를 피하고 물을 반눈금 정도 너 넣고 취사한다.

⑤ 뚜껑부에 이물질이 묻어 있지 않도록 자주 닦아 주도록 한다.

> ✔해설 쌀은 반드시 계량컵을 사용하여 정확히 계량하여 넣으며, 물의 양은 내솥을 평평한 곳에 놓고 내솥의 물 높이에 맞춘다.

30 취사 또는 요리 중 [취소]버튼이 눌러지지 않을 때의 조치사항으로 옳은 것은?

① 패킹을 행주나 부드러운 헝겊으로 깨끗이 닦은 후 사용한다.

② 쌀의 양을 계량컵을 사용하여 정확히 계량하여 사용한다.

③ [취소]버튼을 1초간 눌러 준다.

④ 전원을 차단한 후 고객상담실로 문의한다.

⑤ 온도감지기, 내솥외면의 이물질을 제거한다.

> ✔해설 취사 또는 요리 중 부득이 하게 취소할 경우 내솥 내부 온도가 높으면 안전을 위해 [취소]버튼을 1초간 눌러야 취사 또는 요리가 취소된다.

Answer 28.② 29.① 30.③

▌1~5 ▌ 다음 제시된 숫자의 배열을 보고 규칙을 적용하여 빈칸에 들어갈 알맞은 숫자를 고르시오.

1

| 3   9   12   36   39   (   )   120   360 |

① 118   ② 117

③ 116   ④ 115

⑤ 114

    ✔해설 제시된 수열은 첫 번째 수에서부터 ($\times 3$)과 ($+3$)이 반복해서 수행되고 있다. 따라서 빈칸은 $39 \times 3 = 117$이 된다.

2

| 25   32   37   47   58   71   79   (   ) |

① 82   ② 87

③ 91   ④ 95

⑤ 99

    ✔해설 제시된 수열은 첫 번째 제시된 수에 일의 자릿수와 십의 자릿수를 더하면 다음 수가 되는 규칙을 가지고 있다. 따라서 빈칸은 $79 + 7 + 9 = 95$가 된다.

3

| 5   9   18   22   44   48   (   ) |

① 82   ② 86

③ 92   ④ 96

⑤ 102

    ✔해설 주어진 수열은 $+4$와 $\times 2$가 반복 수행되고 있다. 빈칸에 들어갈 수는 $48 \times 2 = 96$이다.

4

| 349 | 365 | 379 | 398 | 418 | 431 | ( ) |

① 439

② 440

③ 441

④ 442

⑤ 443

✔해설 주어진 수열은 첫 번째 수부터 각 자리의 수를 더한 수가 다음 수가 되는 규칙을 가지고 있다. 따라서 빈칸에 올 수는 431+4+3+1=439이다.

5

| 1 | 3 | 4 | 14 | 16 | 36 | 64 | 69 | ( ) |

① 88

② 96

③ 152

④ 256

⑤ 296

✔해설 주어진 수열의 홀수 번째 수와 짝수 번째 수를 나누어 보면 홀수 번째 수는 ×4가 반복 수행되고 있으며 짝수 번째 수는 11의 배수가 더해지고 있다. 빈칸은 홀수 번째 수로 64×4=256이다.

6 다음 글을 근거로 판단할 때, ○○백화점이 한 해 캐롤 음원이용료로 지불해야 하는 최대 금액은?

○○백화점에서는 매년 크리스마스 트리 점등식(11월 네 번째 목요일) 이후 돌아오는 첫 월요일부터 크리스마스 (12월 25일)까지 백화점 내에서 캐롤을 틀어 놓는다(단, 휴점일 제외). 이 기간 동안 캐롤을 틀기 위해서는 하루에 2만 원의 음원이용료를 지불해야 한다. ○○백화점 휴점일은 매월 네 번째 수요일이지만, 크리스마스와 겹칠 경우에는 정상영업을 한다.

① 48만 원

② 52만 원

③ 58만 원

④ 60만 원

⑤ 62만 원

✔해설 최대 음원이용료를 구하는 것이므로 12월 25일은 네 번째 수요일이거나 수요일 이전이어야 한다. 또한 11월 네 번째 목요일 이후 돌아오는 월요일부터 11월 마지막 날까지의 기간을 최대로 가정하면 11월 1일이 목요일일 경우(네 번째 목요일이 22일, 네 번째 수요일이 28일)와 수요일일 경우(네 번째 수요일이 22일, 네 번째 목요일이 23일) 모두 11월 4일 동안 캐롤을 틀 수 있고, 12월에 25일 동안 캐롤을 틀 수 있으므로 (4+25)×20,000원=58만 원이 된다.

Answer 1.② 2.④ 3.④ 4.① 5.④ 6.③

7 다음 명제가 참일 때, 항상 참인 것은?

> • 클래식을 좋아하는 사람은 독서를 좋아한다.
> • 독서를 좋아하는 사람은 서점에 자주 간다.
> • 내성적인 사람은 독서를 좋아한다.
> • 그러므로 _____

① 내성적인 사람은 클래식을 좋아한다.

② 클래식을 좋아하는 사람은 서점에 자주 간다.

③ 독서를 좋아하지 않는 사람은 서점에 자주 가지 않는다.

④ 내성적인 사람은 주로 서점에 모인다.

⑤ 취미를 가지고 성격을 판단할 수 있다.

✔해설 ② '클래식을 좋아함→독서를 좋아함→서점에 자주감'이 성립하므로 '클래식을 좋아함→서점에 자주 감'이 항상 참이다.
① 세 번째 문장의 역인 '독서를 좋아하는 사람은 내성적이다'는 항상 참이 되지 않으므로 ①번 문장 역시 항상 참이 될 수 없다.
③ 두 번째 문장의 이의 관계인 문장이므로 항상 참이 될 수 없다.
④⑤ 주어진 문장만으로는 알 수 없다.

8 다음에 제시된 세 개의 명제가 참이라고 할 때, 결론 A, B에 대한 판단으로 알맞은 것은?

> 명제 1. 강 사원이 외출 중이면 윤 사원도 외출 중이다.
> 명제 2. 윤 사원이 외출 중이 아니면 박 사원도 외출 중이 아니다.
> 명제 3. 박 사원이 외출 중이 아니면 강 사원도 외출 중이 아니다.
>
> 결론 A. 윤 사원이 외출 중이 아니면 강 사원도 외출 중이 아니다.
> 결론 B. 박 사원이 외출 중이면 윤 사원도 외출 중이다.

① A만 옳다.　　　　　　　　　② B만 옳다.

③ A, B 모두 옳다.　　　　　　④ A, B 모두 옳지 않다.

⑤ 옳은지 그른지 알 수 없다.

✔해설 명제 2와 3을 삼단논법으로 연결하면, '윤 사원이 외출 중이 아니면 강 사원도 외출 중이 아니다.'가 성립되므로 A는 옳다. 또한, 명제 2가 참일 경우 대우명제도 참이어야 하므로 '박 과장이 외출 중이면 윤 사원도 외출 중이다.'도 참이어야 한다. 따라서 B도 옳다.

9 A, B, C, D, E 다섯 명의 단원이 점심 식사 후 봉사활동을 하러 가야 한다. 다음의 〈조건〉을 모두 만족할 경우, 옳지 않은 주장은?

〈조건〉
• B는 C보다 먼저 봉사활동을 하러 나갔다.
• A와 B 두 사람이 동시에 가장 먼저 봉사활동을 하러 나갔다.
• E보다 늦게 봉사활동을 하러 나간 사람이 있다.
• D와 동시에 봉사활동을 하러 나간 사람은 없었다.

① E가 D보다 먼저 봉사활동을 하러 나가는 경우가 있다.
② C와 D 중, C가 먼저 봉사활동을 하러 나가는 경우가 있다.
③ E가 C보다 먼저 봉사활동을 하러 나가는 경우는 없다.
④ A의 경우 항상 C나 D보다 먼저 봉사활동을 하러 나간다.
⑤ D의 경우 가장 늦게 봉사활동을 하러 나가는 경우가 있다.

✔해설 다섯 사람 중 A와 B가 동시에 가장 먼저 봉사활동을 하러 나가게 되었으며, C~E는 A와 B보다 늦게 봉사활동을 하러 나가게 되었음을 알 수 있다. 따라서 다섯 사람의 순서는 E의 순서를 변수로 다음과 같이 정리될 수 있다.
㉠ E가 두 번째로 봉사활동을 하러 나가게 되는 경우

첫 번째	두 번째	세 번째	네 번째
A, B	E	C 또는 D	C 또는 D

첫 번째	두 번째	세 번째
A, B	E, C	D

㉡ E가 세 번째로 봉사활동을 하러 나가게 되는 경우

첫 번째	두 번째	세 번째	네 번째
A, B	C 또는 D	E	C 또는 D

따라서 E가 C보다 먼저 봉사활동을 하러 나가는 경우가 있으므로 보기 ③과 같은 주장은 옳지 않다.

10 다음의 내용을 근거로 판단했을 때 옳지 않은 것은?

> 甲, 乙, 丙이 자유투 대결을 한다. 대결은 총 5회까지 진행하며, 회마다 자유투를 성공할 때까지 자유투 시도 횟수를 합산하여 그 값이 가장 작은 사람이 게임에서 우승한다.
>
> 다음은 세 사람의 점수를 회차 별로 기록한 것인데, 4회와 5회의 결과가 실수로 지워졌다. 그 중 한 회차에서 세 사람의 점수가 모두 같았고, 다른 한 라운드에서 한 번에 자유투를 성공한 사람이 있었다.

	1회	2회	3회	4회	5회	합계
甲	2	4	3			16
乙	5	4	2			17
丙	5	2	6			18

① 3회까지 점수를 보면 甲이 1위이다.
② 자유투를 한 번에 성공한 사람이 누군지 알 수 없다.
③ 각 회마다 1위한 사람에게 1점씩 부여하여 최종 점수를 낸다면 丙이 우승한다.
④ 4회와 5회의 점수만 본다면 甲 최하위이다.
⑤ 丙은 회마다 점수가 다르다.

✔해설 ② 주어진 점수표를 통해 甲~丙이 4,5회에 받은 점수는 甲-7, 乙-6, 丙-5가 된다. 한 회의 점수가 모두 동점이고 다른 회에서 한 사람이 자유투를 한 번에 성공하여 1점을 받았다. 만약 甲이나 乙이 1점을 받는다면 점수가 동점인 회의 점수가 6점이나 5점이 되므로 丙의 점수표가 완성될 수 없어 자유투를 한 번에 성공한 사람은 丙이다. 丙이 자유투를 1회를 성공하면 다음과 같은 점수표가 완성된다.

	1회	2회	3회	4회	5회	합계
甲	2	4	3	3	4	16
乙	5	4	2	2	4	17
丙	5	2	6	1	4	18

11

> 모든 국회의원은 정치가이다.
> 어느 시인도 정치가가 아니다.
>
> _____

① 그러므로 모든 시인은 국회의원이 아니다.

② 그러므로 어느 시인도 국회의원이 아니다.

③ 그러므로 모든 국회의원은 정치가가 아니다.

④ 그러므로 모든 시인은 정치가가 아니다.

⑤ 그러므로 어느 국회의원은 정치가가 아니다.

✔해설 • 모든 국회의원은 정치가이다.(모든 P는 M이다.)
• 어느 시인도 정치가가 아니다.(어느 S도 M이 아니다.)
• 그러므로 어느 시인도 국회의원이 아니다.(그러므로 어느 S도 P가 아니다.)

12

> 단 것을 먹으면 집중이 잘 된다.
> 집중이 잘 되면 시험을 잘 본다.
> 초콜릿은 단 맛이 난다.
> _____

① 그러므로 시험을 잘 봐야 공부할 의욕이 생긴다.
② 그러므로 학생들은 초콜릿만 먹는다.
③ 그러므로 초콜릿을 먹으면 집중이 잘 된다.
④ 그러므로 초콜릿 소비량이 늘고 있다.
⑤ 그러므로 나이가 어릴 수록 초콜릿의 효과가 좋다.

✔해설　③ 초콜릿→단 맛→집중력이 좋아짐→시험을 잘 봄

13

> 모든 풀을 먹는 동물은 털이 부드럽다.
> 어느 풀을 먹는 동물도 겨울잠을 자지 않는다.
> _____

① 그러므로 털이 부드러운 동물은 풀을 먹지 않는다.
② 그러므로 산에 살지 않는 동물은 풀을 먹지 않는다.
③ 그러므로 풀을 먹지 않는 동물도 겨울잠을 잔다.
④ 그러므로 산에 사는 동물은 겨울잠을 잔다.
⑤ 그러므로 어느 겨울잠을 자는 동물도 털이 부드럽지 않다.

✔해설　모든 풀을 먹는 동물은 털이 부드럽다.(모든 M은 P이다.)
어느 풀을 먹는 동물도 겨울잠을 자지 않는다.(어느 M도 S가 아니다.)
그러므로 겨울잠을 자는 동물도 털이 부드럽지 않다.(그러므로 어느 S도 P가 아니다.)

14

어느 돌멩이도 부서지지 않는다.
어떤 보석은 돌멩이다.
_____

① 그러므로 모든 돌멩이는 보석이 될 수 있다.
② 그러므로 어떤 보석은 부서지지 않는다.
③ 그러므로 모든 보석은 돌멩이다
④ 그러므로 어느 보석이 돌멩이가 된다.
⑤ 그러므로 어느 부서지지 않는 것은 보석이다.

✔해설 어느 돌멩이는 부서지지 않는다.(어느 M도 P이다.)
어떤 보석은 돌멩이다.(어떤 S는 M이다.)
그러므로 어떤 보석은 부서지지 않는다.(그러므로 어떤 S는 P이다.)

15

모든 아이들은 악동이다.
어느 아이들도 천재는 아니다.
_____

① 그러므로 어느 천재도 악동은 아니다.
② 그러므로 모든 악동은 천재이다.
③ 그러므로 모든 천재는 악동이다.
④ 그러므로 어느 악동은 천재이다.
⑤ 그러므로 어느 아이들은 천재다.

✔해설 • 모든 아이들은 악동이다.(모든 M은 P이다.)
• 어느 아이들도 천재는 아니다.(어느 M도 S가 아니다.)
• 그러므로 어느 천재도 악동은 아니다.(그러므로 어느 S도 P가 아니다.)

16

모든 동생은 학생이다.
모든 학생은 성인이다.
모든 직장인은 성인이다.
모든 성인은 사람이다.
그러므로 _____

① 모든 학생은 동생이다   ② 모든 성인은 학생이다.
③ 모든 직장인은 사람이다.   ④ 모든 사람은 동생이다.
⑤ 모든 사람은 학생이다.

 해설 • 동생 → 학생 → 성인 → 사람
　　　　　　 • 직장인 → 성인 → 사람

17

만일 흥부가 놀부보다 돈을 잘 번다면 나는 제비여야 한다. 그러나 나는 제비가 아니다.
그러므로 _____

① 흥부가 놀부보다 돈을 잘 번다.
② 흥부가 놀부보다 돈을 잘 벌지 못 해야 한다.
③ 제비는 놀부이다.
④ 흥부는 제비이다.
⑤ 흥부와 놀부는 제비가 아니다.

해설 '만약 A가 B이면 C는 D이다. C는 D가 아니다.
따라서 'A는 B가 아니다.'라는 가언 삼단논법의 형식에 따르면, '흥부가 놀부보다 돈을 잘 벌지 못해야 한다.'
라는 결론이 나와야 한다.

18

모든 노래는 음악이다. 모든 휘파람은 노래이다.
그러므로 _____

① 모든 휘파람은 음악이다.   ② 모든 음악은 휘파람이다.
③ 모든 노래는 휘파람이다.   ④ 어느 휘파람은 음악이 아니다.
⑤ 어느 음악은 휘파람이다.

해설 주어진 전제로부터 '휘파람 → 노래 → 음악'의 관계를 이끌어낼 수 있다.

19

| 11 13 8 18 21 8 7 13 5 5 9 ( ) |

① 4   ② 5
③ 6   ④ 7
⑤ 8

> **✔해설** 첫 번째 수를 두 번째 수로 나누었을 때 소수점 아래 첫 번째 수가 세 번째 수가 되는 규칙을 가지고 있다.
> 5÷9＝0.55555 이므로 빈칸에 들어갈 수는 5이다.

20

| 4 6 4 7 4 0 2 9 10 5 4 ( ) |

① 8   ② 10
③ 12   ④ 14
⑤ 16

> **✔해설** 첫 번째 수와 두 번째 수를 곱하여 마지막 수를 더하면 그 값이 28이 나오는 수들의 조합으로 이루어져 있다. 5×4＝20이므로 빈칸에 들어갈 수는 8이다.

21

| 10 4 9 20 6 3 15 6 4 5 18 4 8 3 ( ) |

① 10   ② 11
③ 13   ④ 15
⑤ 17

> **✔해설** 주어진 수열은 세 개씩 나누어 봤을 때 세 개의 수를 곱하면 360이 되는 규칙을 가지고 있다.

22 엘사, 안나, 올라프, 스벤 네 사람은 함께 파티에 참석하기로 했다. 모자, 옷, 신발을 빨간색, 파란색, 노란색, 검은색 색깔별로 총 12개의 물품을 공동으로 구입하여, 각 사람은 각각 다른 색의 모자, 옷, 신발을 하나씩 빠짐없이 착용하기로 했다. 예를 들어 어떤 사람이 빨간 모자, 파란 옷을 착용한다면, 신발은 노란색 또는 검은색으로 착용해야 한다. 이 조건에 따를 때, 반드시 참이 되는 것은?

> • 선호하는 것을 배정받고, 싫어하는 것은 배정받지 않는다.
> • 엘사는 빨간색 옷을 선호하고, 파란색 신발을 싫어한다.
> • 안나는 노란색 옷을 싫어하고, 검은색 신발을 선호한다.
> • 올라프는 검은색 옷을 싫어한다.
> • 스벤은 빨간색을 싫어한다.

① 엘사는 검은 모자를 배정받는다.
② 안나는 노란 모자를 배정받는다.
③ 올라프는 파란 신발을 배정받는다.
④ 스벤은 검은 옷을 배정받는다.
⑤ 빨간 신발을 배정받은 사람은 파란 모자를 배정받는다.

✅ **해설** • 주어진 조건을 도식화 하면 다음과 같다.

	엘사	안나	올라프	스벤
모자			빨×	
옷	빨	노×	검×(노∨파)	빨×(파∨노∨검)
신발	파×	검		빨×

• 이때 안나의 옷 색깔은 엘사가 빨간색을 하고 있기 때문에 제외하고, 신발이 검은색이기 때문에 검은색도 안 된다. 따라서 안나의 옷은 파란색이 된다. 안나가 파란색 옷이므로 올라프는 노란색이, 스벤은 검은색이 된다. 이를 적용하면 다음과 같다.

	엘사	안나	올라프	스벤
모자			빨×	
옷	빨	파	노	검
신발	파×	검		빨×

• 엘사의 신발은 안나가 검은색이기 때문에 노란색이 된다. 이 경우 스벤은 파란색이 된다. 따라서 남은 올라프의 신발은 빨간색이 된다. 그리고 스벤의 모자는 옷과 신발, 빨간색을 싫어하는 조건을 고려하여 노란색임을 찾을 수 있다. 이를 적용하면 다음과 같다.

	엘사	안나	올라프	스벤
모자				노
옷	빨	파	노	검
신발	노	검	빨	파

• 안나는 옷과 신발, 노란색을 싫어하는 조건을 고려하여 빨간색임을 알 수 있고, 엘사와 올라프는 두 가지의 경우가 발생함을 알 수 있다. 이를 토대로 도식화된 표를 완성하면 다음과 같다.

	엘사	안나	올라프	스벤
모자	파∨검	빨	검∨파	노
옷	빨	파	노	검
신발	노	검	빨	파

23 다음 제시된 주장이 참일 때, 이 주장으로부터 이끌어 낼 수 있는 주장을 고르시오.

> 불닭볶음면은 항상 맵다.

① 불닭볶음면은 가끔 맵지 않다.
② 불닭볶음면 중에도 맵지 않은 것이 있다.
③ 매운 것은 반드시 불닭볶음면이다.
④ 맵지 않은 것은 불닭볶음면이 아니다.
⑤ 불닭볶음면이 항상 맵지는 않다.

> ✔해설 ④ 'p이면 q이다.'의 명제로 봤을 때, 'q가 아니면 p가 아니다.'의 형식의 대우명제가 참이 된다.

24 A, B, C, D 네 명의 용의자가 살인사건 현장에서 신문을 받고 있다. 용의자들의 진술이 다음과 같고 네 사람 가운데 한명만 진실을 말하고 있다면 다음 중 살인자는 누구인가?

> • A : B가 살인을 저질렀습니다.
> • B : D가 살인을 저질렀어요.
> • C : 난 살인을 저지르지 않았어요.
> • D : B가 거짓말을 하고 있어요.

① A   ② B
③ C   ④ D
⑤ 추론할 수 없음

> ✔해설 • A가 살인자일 경우→C, D 두 명이 진실이므로 모순
> • B가 살인자일 경우→A, C, D 모두 진실이므로 모순
> • D가 살인자일 경우→B, C 두 명이 진실이므로 모순
> • C가 살인자일 경우→D만 진실이고 나머지는 다 거짓이 됨
> ∴ C가 살인자이다.

Answer 22.④ 23.④ 24.③

25 가은이는 ○○전자에 입사하게 되었다. 입사자는 총 82명이며 1등부터 82등까지 입사성적별로 등수가 부여되어 있다. 가은이는 입사등수가 궁금하여 인사담당자에게 전화를 하였다. 입사담당자는 등수는 알려줄 수 없고 3번의 질문기회를 주겠다고 했다. 가은이가 다음의 세 가지 질문을 던져 입사 등수를 알아냈다고 할 때, 가은이의 입사등수는? (단, 입사 등수가 같은 경우는 없다.)

> • 내 등수는 41등 아래인가?
> • 내 등수를 4로 나눌 수 있나?
> • 내 등수가 제곱근을 갖는 숫자인가?

① 27등
② 36등
③ 49등
④ 64등
⑤ 82등

✔해설 • 등수가 41등 위인 경우
  −4로 나눌 수 있는 수 : 44, 48, 52, 56, 60, 64, 68, 72, 78 → 제곱근을 갖는 수는 64
  −4로 나눌 수 없는 수 중 제곱근을 갖는 수는 49, 81
 • 등수가 41등 아래인 경우
  −4로 나눌 수 있는 수 : 4, 8, 12, 16, 20, 24, 28, 32, 36, 40 → 제곱근을 갖는 수는 4, 16, 36
  −4로 나눌 수 없는 수 중 제곱근을 갖는 수는 9, 25,
 • 등수를 알아냈다고 했으므로 단 하나의 공통 값만 갖는 64등이 정답이다.

26 크리스마스트리 장식을 위해 전구를 사왔다. 전구는 각각 1번부터 200까지의 번호가 적혀있으며, 1번부터 100까지의 번호가 적힌 스위치도 연결되어 있다. 각각의 스위치는 자신의 번호의 배수에 해당하는 번호의 전구와 연결되어 있다고 한다. 예를 들면, 1번 스위치는 모든 전구와 연결되어 있고, 60번 스위치는 60번 전구, 120번 전구, 180번 전구와 연결되어 있는 것이다. 스위치를 누르면 스위치와 연결된 전구들은 꺼져있는 상태일 경우 켜지고, 켜져 있는 상태일 경우 꺼지게 된다. 모든 전구는 처음에 꺼져 있는 상태이며 스위치와 연결이 불량하거나 고장난 전구는 없다고 한다. 이때 모든 스위치를 한 번씩 누른 후에 켜져 있는 전구는 총 몇 개인가?

① 32개
② 67개
③ 92개
④ 106개
⑤ 148개

✔해설 1번부터 100번까지의 전구 중 켜져 있는 전구는 자신 번호의 약수의 개수가 홀수이므로 번호는 완전제곱수여야 한다. 따라서 1부터 100까지의 전구 중에는 10개의 전구가 켜지게 된다.
101번부터 200번까지의 전구 중 켜져 있는 전구는 자신의 번호를 제외한 약수의 개수가 홀수여야 하므로 완전제곱수를 제외한 모든 번호의 전구임을 확인할 수 있으므로, 121, 144, 169, 196번의 4개 전구를 제외한 96개의 전구가 켜져 있게 된다.

27 甲사무관은 빈곤과 저출산 문제를 해결하기 위한 대안을 분석 중이다. 이에 대해 마련한 대안 중 예산의 규모가 가장 큰 대안은?

- 전체 1,500가구는 자녀 수에 따라 네 가지 유형으로 구분할 수 있는데, 그 구성은 무자녀 가구 300 가구, 한 자녀 가구 600가구, 두 자녀 가구 500가구, 세 자녀 이상 가구 100가구이다.
- 전체 가구의 월 평균 소득은 200만 원이다.
- 각 가구 유형의 30%는 맞벌이 가구이다.
- 각 가구 유형의 20%는 빈곤 가구이다.

---

① 모든 빈곤 가구에게 전체 가구 월 평균 소득의 25%에 해당하는 금액을 가구당 매월 지급한다.
② 한 자녀 가구에는 10만 원, 두 자녀 가구에는 20만 원, 세 자녀 이상 가구에는 30만 원을 가구당 매월 지급한다.
③ 자녀가 있는 모든 맞벌이 가구에 자녀 1명당 30만 원을 매월 지급한다. 다만 세 자녀 이상의 맞벌이 가구에는 일률적으로 가구당 100만 원을 매월 지급한다.
④ 자녀가 2명 이상인 가구에 자녀 1명당 10만 원을 매월 지급하고 모든 빈곤 가구에도 가구당 10만 원을 매월 지급한다.
⑤ 자녀가 있는 가구 중 빈곤 가구에게 월 평균 소득의 30%에 해당하는 금액을 가구당 매월 지급한다.

✔ 해설 ② 600×10만 원+500×20만 원+100×30만 원=19,000만 원
① 1,500×0.2×200만 원×0.25=15,000만 원
③ 600×0.3×30만 원+500×0.3×60만 원+100×0.3×100만 원=17,400만 원
④ 500×20만 원+100×30만 원+1,500×0.2×10만 원=16,000만 원
⑤ 1,200×0.2×200만 원×0.3=14,400만 원

28 다음 조건을 만족할 때, 민 대리가 설정해 둔 비밀번호는?

> - 민 대리가 설정한 비밀번호는 0~9까지의 숫자를 이용한 4자리수이며, 같은 수는 연달아 한 번 반복된다.
> - 4자리의 수를 모두 더한 수는 11이며, 모두 곱한 수는 20보다 크다.
> - 4자리의 수 중 가장 큰 수와 가장 작은 수는 5만큼의 차이가 난다.
> - 비밀번호는 첫 번째 자릿수인 1을 시작으로 오름차순으로 설정하였다.

① 1127   ② 1226

③ 1235   ④ 1334

⑤ 1136

✔ 해설   마지막 조건에 의하면 첫 번째 자리 숫자가 1이 되며 세 번째 조건에 의해 가장 큰 수는 6이 되는데, 마지막 조건에서 오름차순으로 설정하였다고 하였으므로 네 번째 자리 숫자가 6이 된다. 두 번째 조건에서 곱한 수가 20보다 크다고 하였으므로 0은 사용되지 않았다. 따라서 (1× ×6) 네 자리 수의 합이 11이 되기 위해서는 1과 6을 제외한 두 번째와 세 번째 자리 수의 합이 4가 되어야 하는데, 같은 수가 연달아 한 번 반복된다고 하였으므로 (1136) 또는 (1226) 중 모두 곱한 수가 20보다 큰 (1226)이 된다.

29 다음에 제시되는 전제 조건을 모두 만족시킬 때, 사무실 자리가 일렬로 배치되어 있는 6명의 직원들 중 B의 위치는 어디인가?

> (가) C와 D와의 거리는 두 번째로 멀다.
> (나) A와 C 사이에는 한 명이 있다.
> (다) 왼쪽에서 두 번째 직원은 E이다.
> (라) D의 바로 오른쪽 사람은 F이다.

① 맨 왼쪽

② 왼쪽에서 세 번째

③ 왼쪽에서 네 번째

④ 왼쪽에서 다섯 번째

⑤ 맨 오른쪽

✔ 해설   왼쪽 자리부터 1에서 6번까지 번호를 매길 경우,

1	2	3	4	5	6

(가)를 통해서 C와 D는 1, 5 또는 2, 6번의 자리에 있어야 함을 알 수 있는데, 이때 (다)에 따라 2 = E가 되므로 C와 D의 자리는 1, 5가 된다. (라)에서 D의 바로 오른쪽 사람은 F라고 하였는데, D = 1일 경우 바로 오른쪽 사람은 E가 되므로 C = 1, D = 5, F = 6임을 알 수 있다. 또한 (나)에 의해서 A = 3의 위치임이 밝혀지므로 남은 B = 4가 된다. 따라서 직원들의 자리 배치는 C, E, A, B, D, F가 되고 B의 위치는 왼쪽에서 네 번째가 된다.

30 도서관 아르바이트를 하고 있는 A는 실수로 책 a, b, c, d, e의 보름 동안 대여 기록을 장부에서 지워버렸다고 한다. 하지만 아무리 생각해봐도 언제 책을 빌려주었는지 정확하게 기억이 나지 않아 생각나는 것들만 종이에 적어 봤다. 이를 통해 책 b가 대여된 날짜를 구하면?

- 분명히 이 책들은 1일에서 15일 사이에 딱 한 번씩만 대여가 되었어.
- 모두 빌려갔던 기간이 달랐고, 순서도 제각각 이었지.
- 책 e는 3번째로 빌려갔던 것 같아.
- 3일에는 a, 7일에는 d, 11일에는 c가 대여 중이었던 것 같아. 그날 찾는 손님들이 많아서 확실히 기억나.
- d가 c보다 대여일이 길었고, e가 b보다 길었던 것 같아.

---

① 4일   ② 5일

③ 9일   ④ 13일

⑤ 15일

✔해설
- 조건들에 의해서 e는 d 이후에 대여되었다는 것을 알 수 있다. 따라서 a→d→e순으로 대여가 됐음을 알 수 있다.
- e가 b보다 대여기간이 길다는 조건 때문에 e의 대여기간은 최소 이틀이며, e와 c 사이에 다른 책을 빌릴 수 있는 기간은 나오지 않는다. 즉, a→d→e→c→b순서로 대여가 되었으며, 1~3일에는 a, 7일에는 d, 9일에는 e, 11일에는 c 그리고 15일에는 b가 반드시 대여 중이어야 함을 알 수 있다.
- e의 최대 대여일수는 3일이고(다른 책이 대여된 8일과 10일 사이에 e가 대여됐으므로), e가 b보다 길었다는 조건에 의해 b의 최대 대여일수는 2일이다. 때문에 c의 최소 대여일수는 3일이 되며, d는 c보다 대여일이 길기 때문에 d권의 대여일은 최소 4일 이상이 되어야 한다.
- 그런데 만약 d의 대여일이 4일이라면 조건을 만족하며 5일간 대여될 수 있는 책이 아무것도 없기 때문에 d의 대여일은 5일이 된다. 즉, 지금까지의 조건들에 의해 1~3일은 a, 4~8일은 d, 9~10일은 e를 빌려준 것을 알 수 있다.
- 마지막으로 b의 대여일이 e보다 적다는 조건에 따라 b는 15일 하루 동안 대여되었으며, c는 11~14일 동안 대여된 것을 알 수 있다.
- a = 1~3일, b = 15일, c = 11~14일, d = 4~8일, e = 9~10일

05 사물지각력

┃1~4┃ 다음과 같이 화살표 방향으로 종이를 접었을 때 앞면 또는 뒷면의 모양으로 가능한 것을 고르시오.

1

①

②

③

④

⑤

✔ **해설** ② 주어진 화살표 방향대로 접었을 때 뒷면의 모양에 해당한다.
①③④⑤ 주어진 화살표 방향대로 접었을 때 나올 수 없는 모양이다.

2

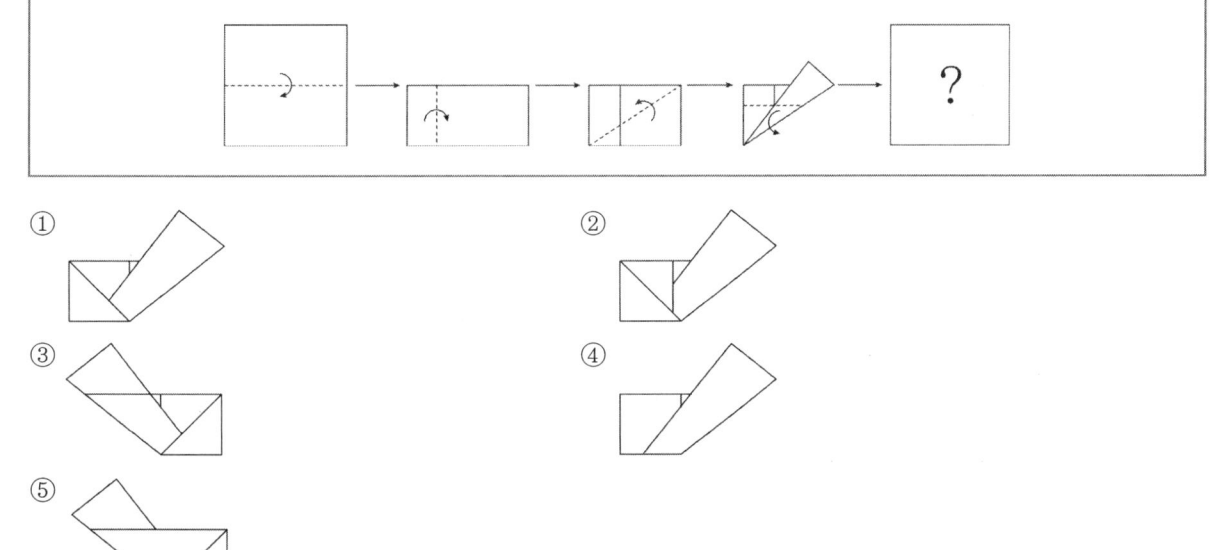

①
②
③
④
⑤

✔해설 ④ 주어진 화살표 방향대로 접었을 때 앞면의 모양에 해당한다.
①②③⑤ 주어진 화살표 방향대로 접었을 때 나올 수 없는 모양이다.

3

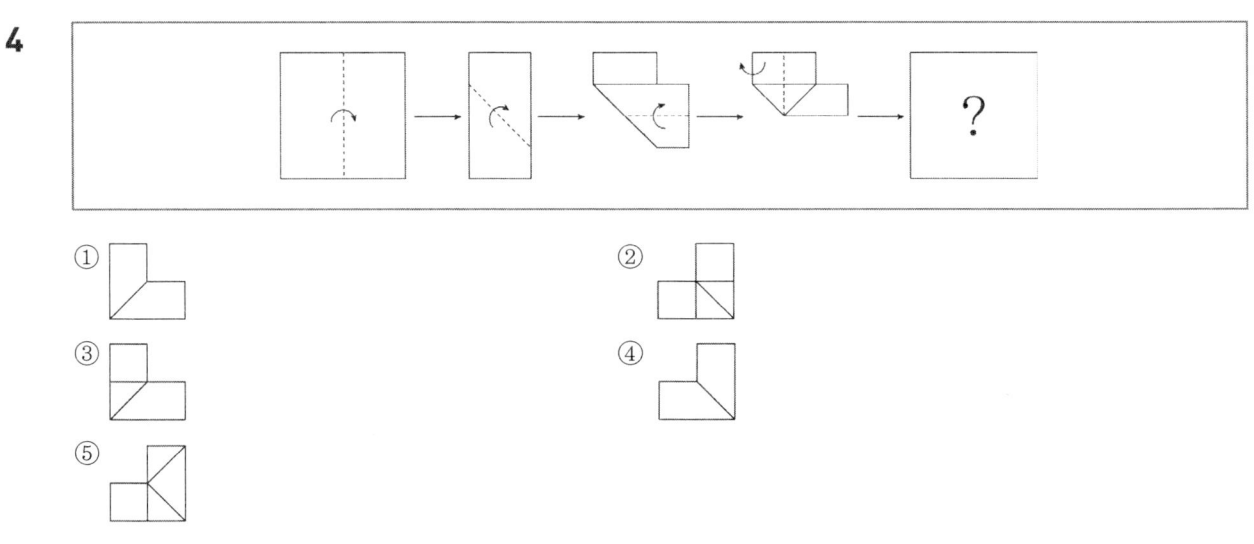

①

②

③

④

⑤

> **해설** ② 주어진 화살표 방향대로 접었을 때 앞면의 모양에 해당한다.
> ①③④⑤ 주어진 화살표 방향대로 접었을 때 나올 수 없는 모양이다.

4

①

②

③

④

⑤

> **해설** ③ 주어진 화살표 방향대로 접었을 때 앞면의 모양에 해당한다.
> ①②④⑤ 주어진 화살표 방향대로 접었을 때 나올 수 없는 모양이다.

5 다음 제시된 그림을 시계 반대 방향으로 75° 회전시키고 아래로 뒤집은 후 왼쪽으로 뒤집었을 때 모양은?

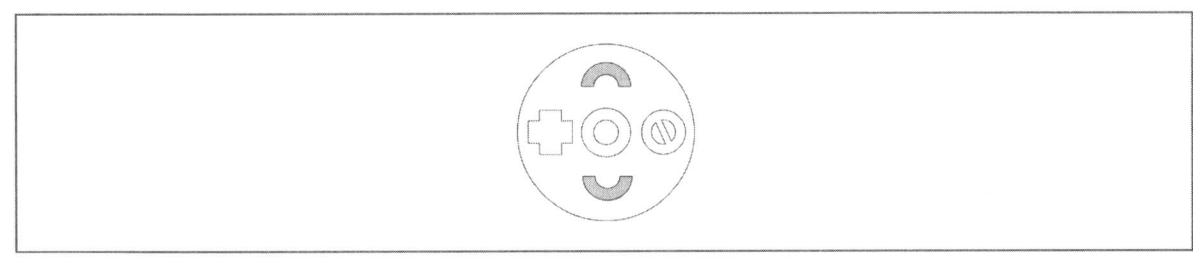

①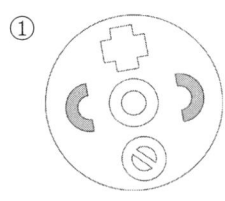

②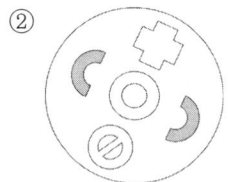

③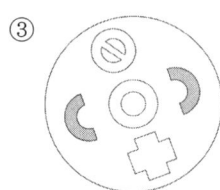

④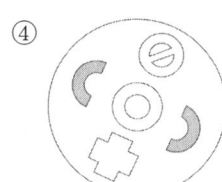

⑤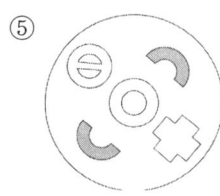

✔해설 제시된 그림을 회전하였을 때 나타나는 모양은 ②이다.

| 6~13 | 다음 중 나머지 셋과 다른 것을 고르시오.

6

✔해설 ①②④⑤는 회전관계, ③은 모양이 다른 그림이다.

7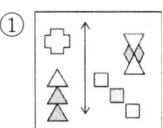

✔해설 ②③④⑤는 회전관계, ①은 모양이 다른 그림이다.

8

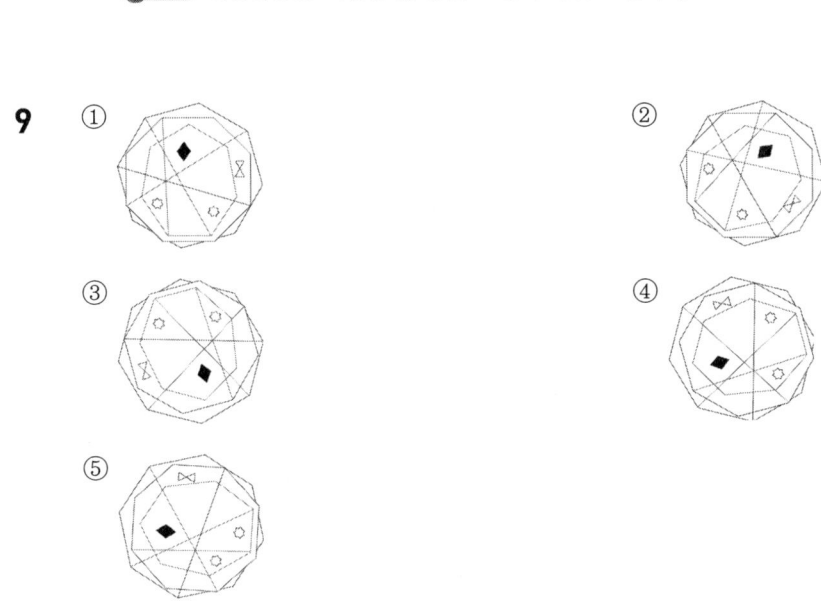

① ② ③ ④ ⑤

✔해설 ①③④⑤는 회전관계, ②은 모양이 다른 그림이다.

9

① ② ③ ④ ⑤

✔해설 ①②③④은 회전관계, ⑤는 모양이 다른 그림이다.

Answer 6.③ 7.① 8.② 9.⑤

10

①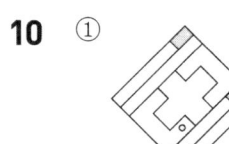

②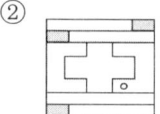

③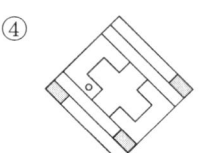

④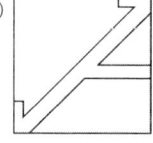

⑤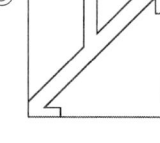

✔️해설 ①③④⑤ 회전관계, ②는 ∘의 위치가 다르다.

11

①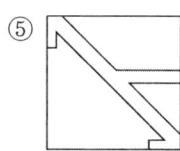

②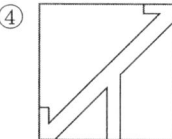

③

④

⑤

✔️해설 ②③④⑤ 회전관계, ①은 모양이 다르다.

12

①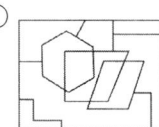

②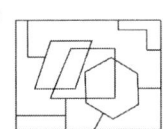

③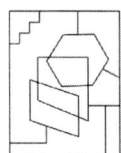

④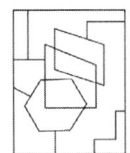

⑤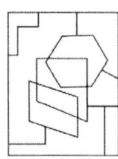

✔ **해설** ①②④⑤ 회전관계, ③은 모양이 다르다.

13

①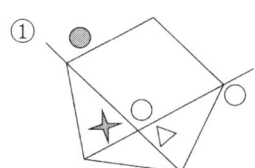

②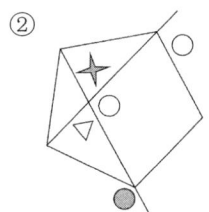

③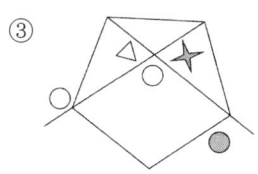

④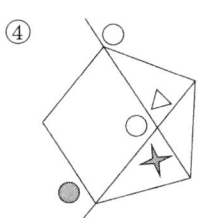

④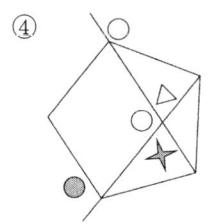

✔ 해설 ①③④⑤는 회전관계, ②는 오각형 외부의 원의 색이 다르다.

▮14~15▮ 다음 제시된 도형과 같은 도형을 고르시오.

14

① 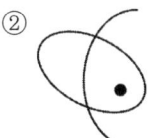　　　　②

③ 　　　　④

⑤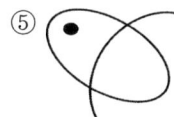

✔해설 제시된 도형과 같은 도형은 ②이다.

15

①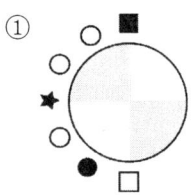

②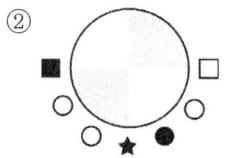

③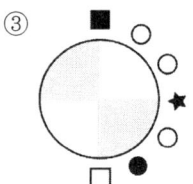

④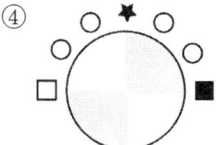

⑤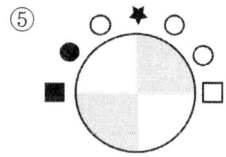

✔해설 제시된 도형과 같은 도형은 ①이다.

* 블록은 모양과 크기는 모두 동일한 정육면체임

16

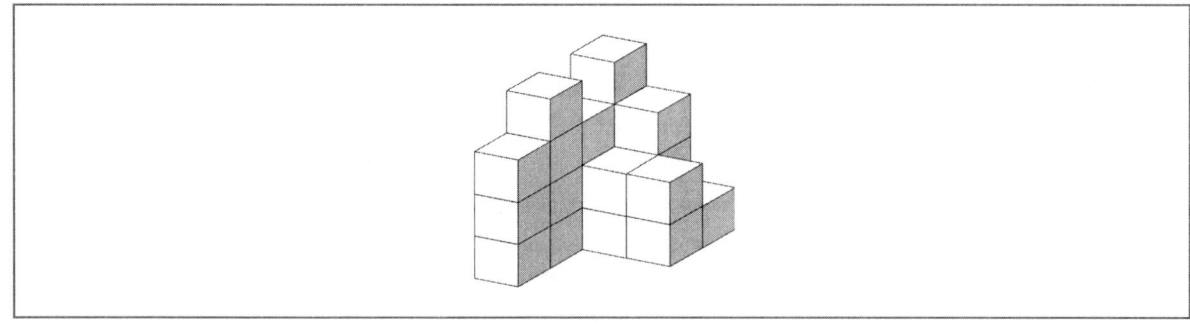

① 20 ② 21

③ 22 ④ 23

⑤ 24

✔해설 바닥면부터 블록의 개수를 세어보면, 8+7+5+2=22개이다.

17

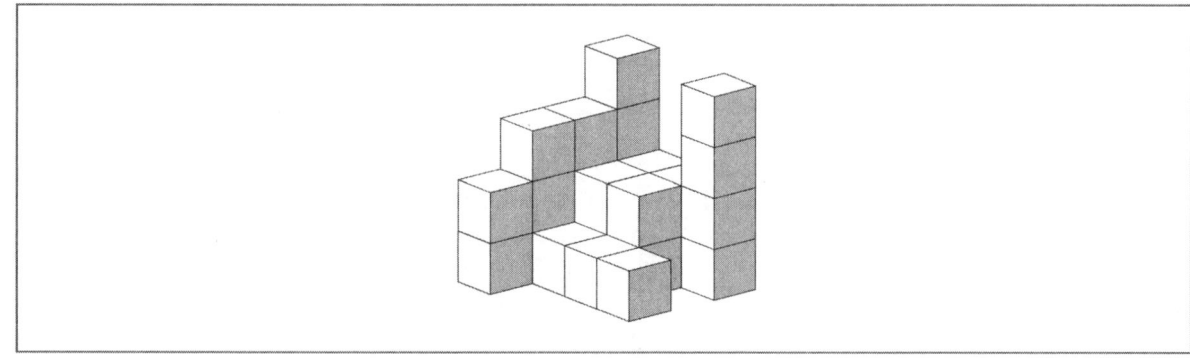

① 23 ② 24

③ 25 ④ 26

⑤ 27

✔해설 바닥면부터 블록의 개수를 세어보면, 12+9+4+2=27개이다.

Answer 15.① 16.③ 17.⑤

18

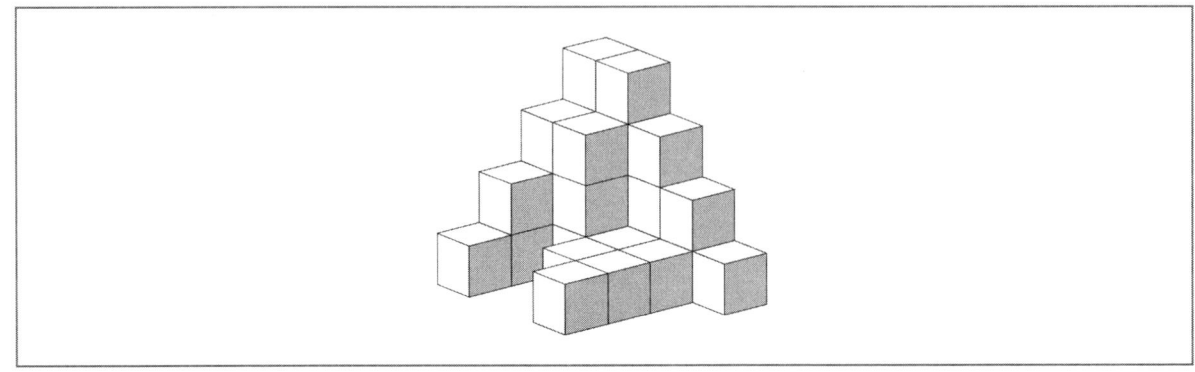

① 25   ② 26
③ 27   ④ 28
⑤ 29

✔해설 바닥면부터 블록의 개수를 세어보면, 14+7+5+2=28개이다.

19

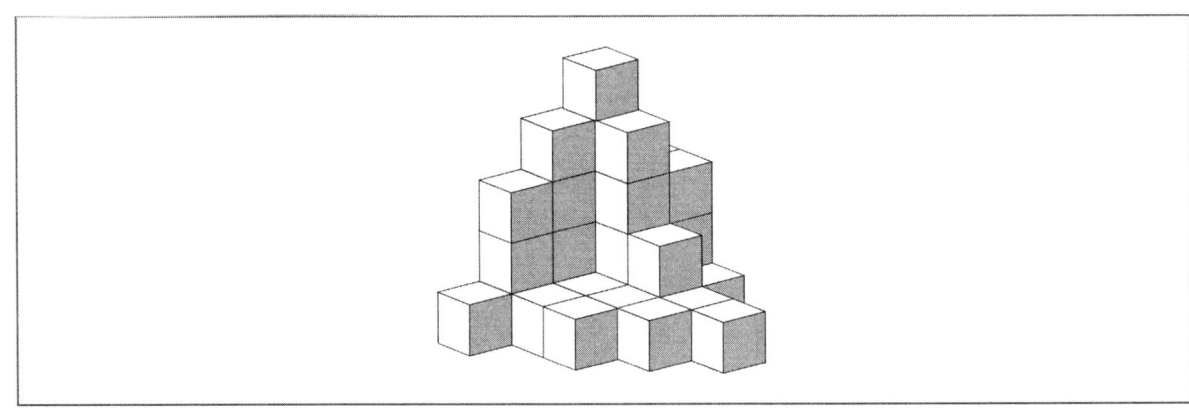

① 29   ② 31
③ 33   ④ 34
⑤ 36

✔해설 바닥면부터 블록의 개수를 세어보면, 16+7+6+3+1=33개이다.

20

① 28
② 29
③ 30
④ 31
⑤ 32

✔해설 바닥면부터 블록의 개수를 세어보면, 13+9+6+1+1=30개이다.

▌21~25 ▌ 아래에 제시된 블록들을 화살표 표시한 방향에서 바라봤을 때의 모양으로 알맞은 것은?

※ 주의사항
• 블록은 모양과 크기는 모두 동일한 정육면체임.
• 바라보는 시선의 방향은 블록의 면과 수직을 이루며 원근에 의해 블록이 작게 보이는 효과는 고려하지 않음.

21

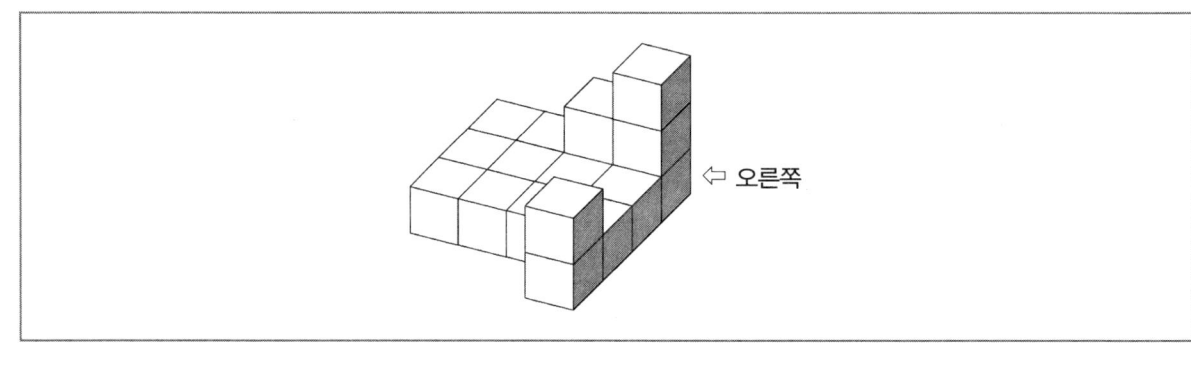

⇦ 오른쪽

①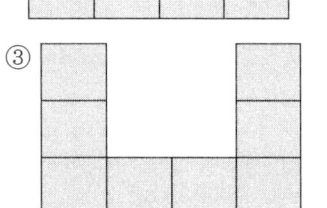

②

③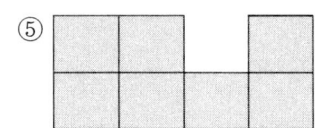

④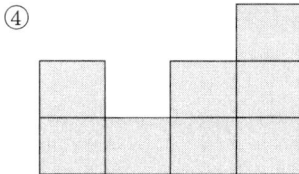

⑤

✔️**해설** 제시된 블록을 화살표 표시한 방향에서 바라보면 ①이 나타난다.

22

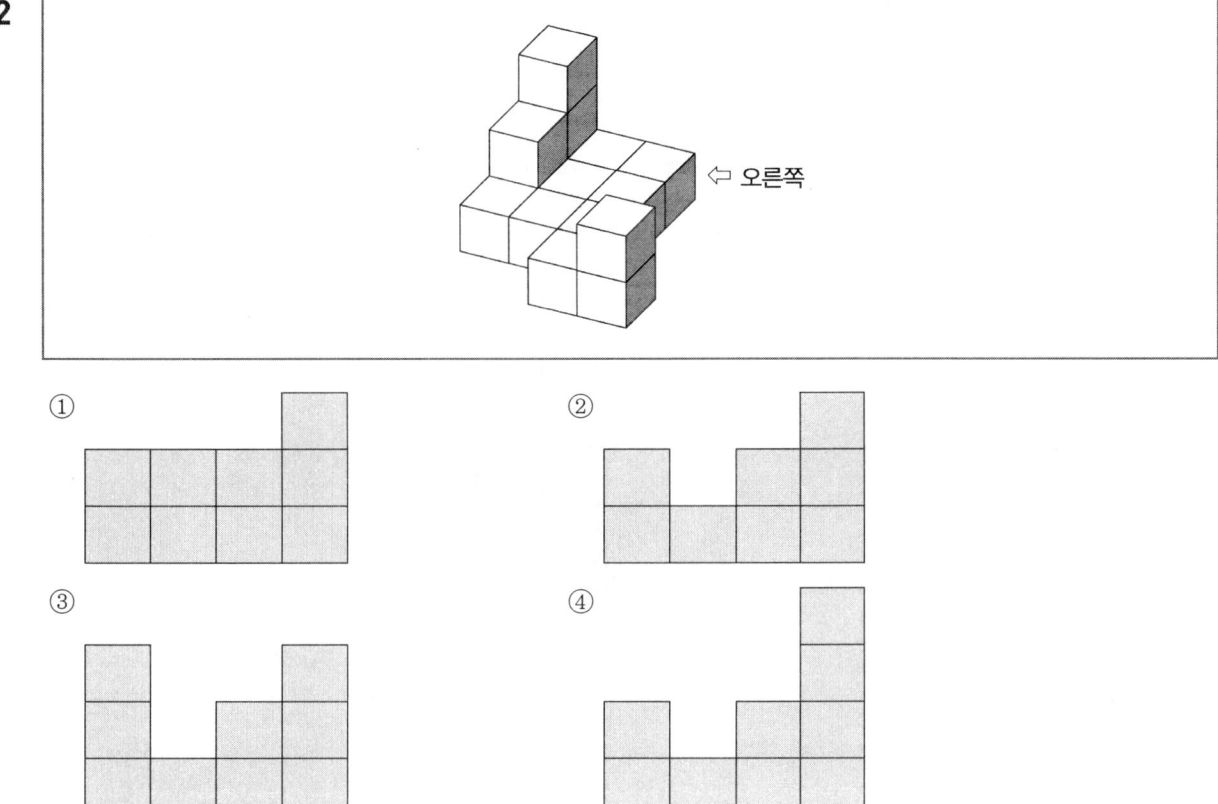

← 오른쪽

① ② ③ ④ ⑤

✔해설 제시된 블록을 화살표 표시한 방향에서 바라보면 ②가 나타난다.

Answer 21.① 22.②

23

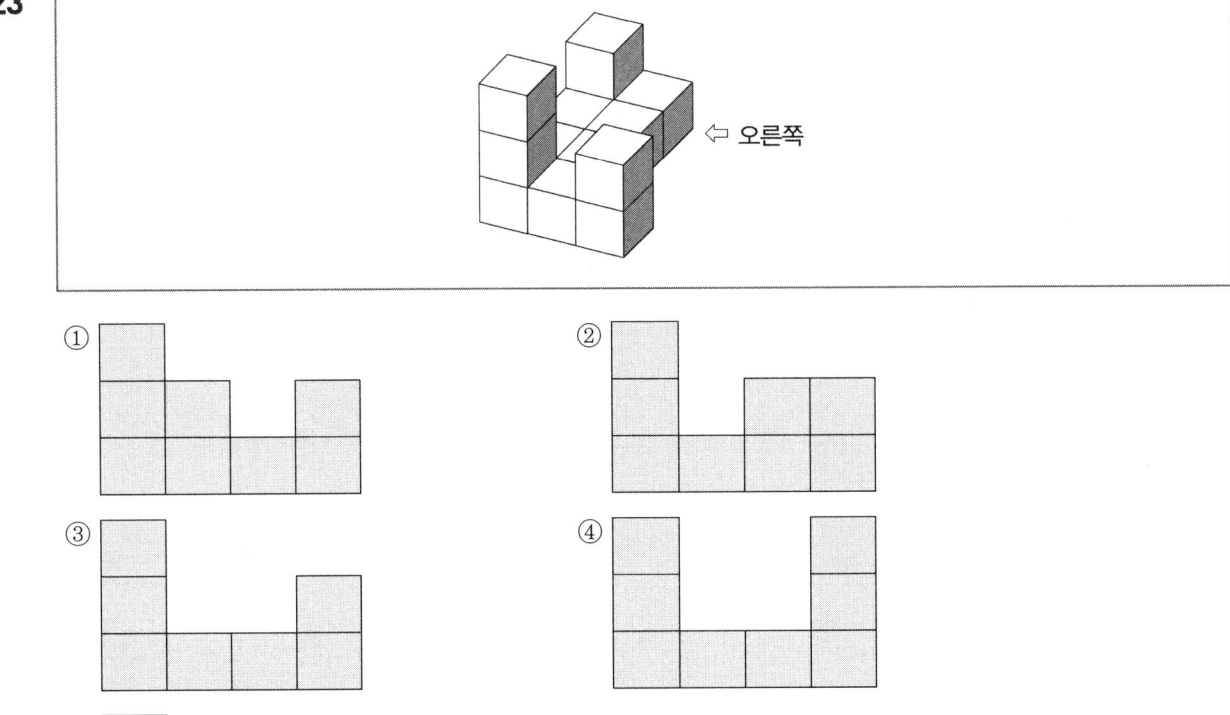

⇐ 오른쪽

① ② ③ ④ ⑤

✔️ **해설** 제시된 블록을 화살표 표시한 방향에서 바라보면 ③이 나타난다.

24

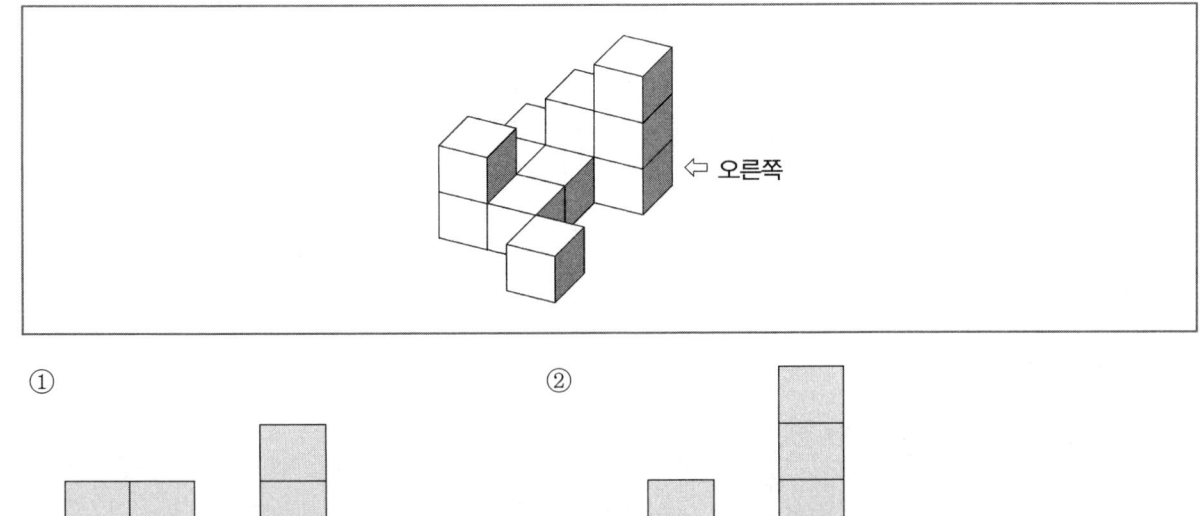

⇦ 오른쪽

①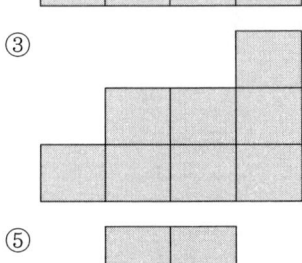

②

③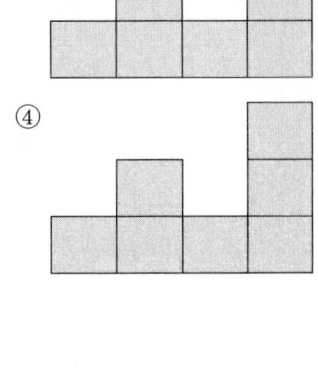

④

⑤

✔해설 제시된 블록을 화살표 표시한 방향에서 바라보면 ④가 나타난다.

25

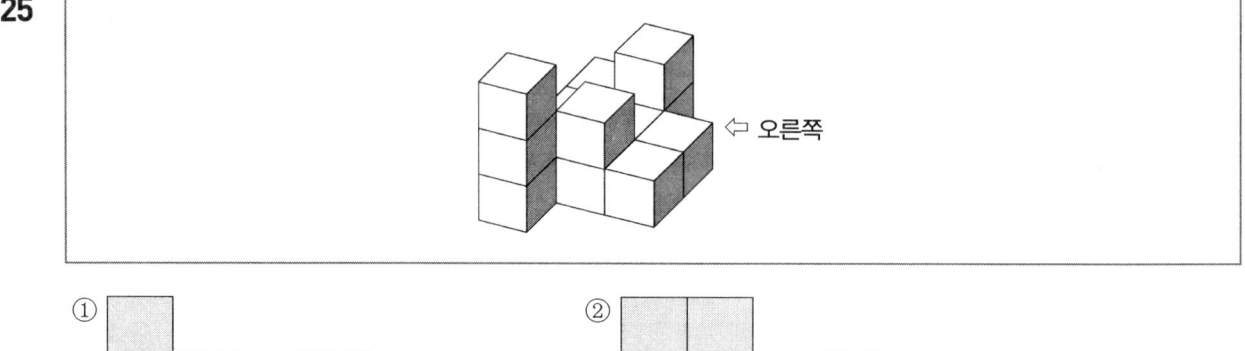

⇐ 오른쪽

①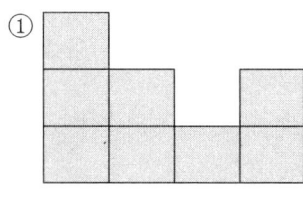

②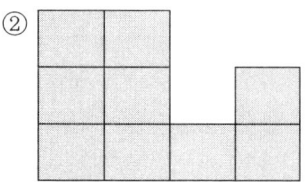

③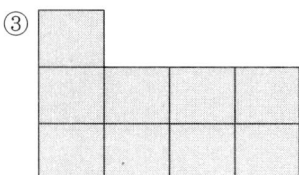

④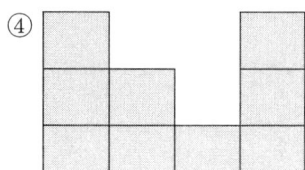

⑤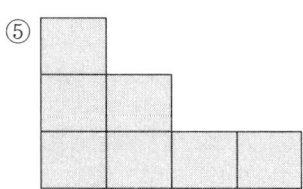

✔️해설 제시된 블록을 화살표 표시한 방향에서 바라보면 ①이 나타난다.

| 26~30 | 다음 제시된 블록에서 바닥에 닿은 면을 제외하고 어디서도 보이지 않는 블록의 개수를 고르시오.

26

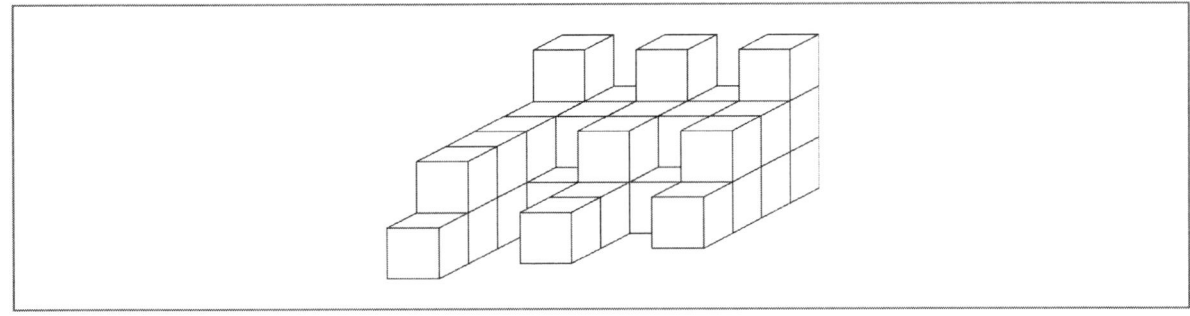

① 3개   ② 4개

③ 5개   ④ 6개

⑤ 7개

✔해설 다음에 표시된 맨 아래층 블록 4개가 어디서도 보이지 않는다.

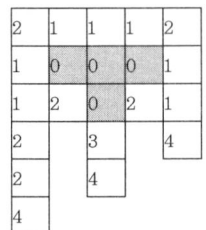

27

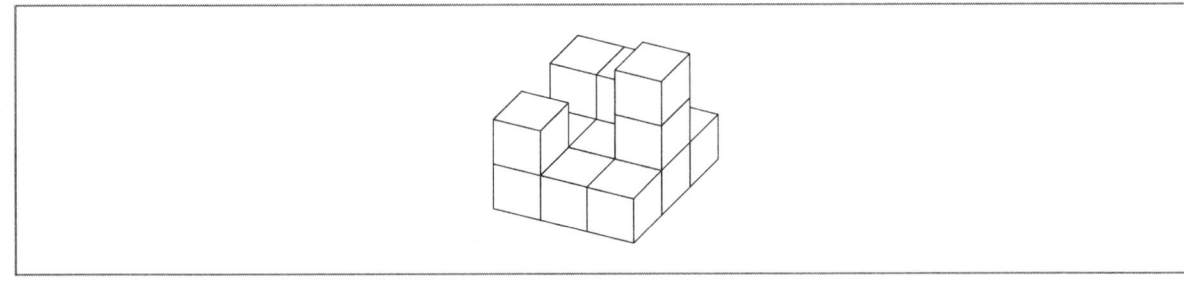

① 0개   ② 1개

③ 2개   ④ 3개

⑤ 4개

✔해설 모든 블록이 1면 이상 외부로 노출되어 있다.

Answer   25.① 26.② 27.①

28

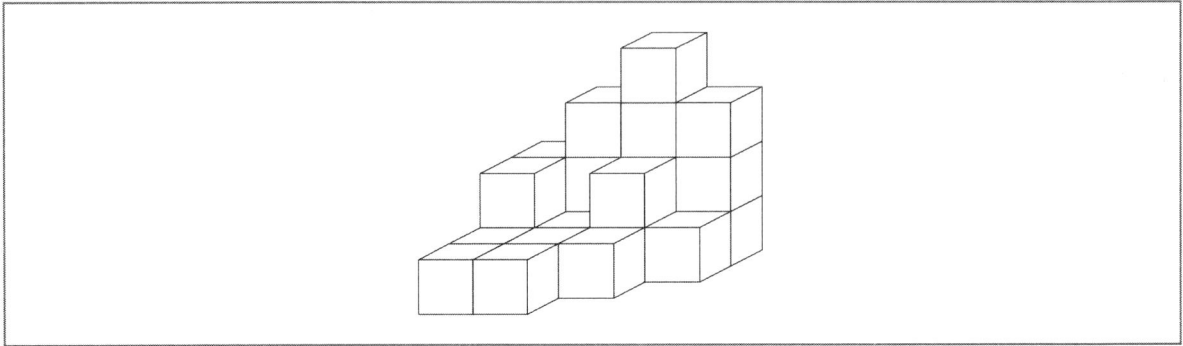

① 1개

② 2개

③ 3개

④ 4개

⑤ 5개

✔ **해설** 다음에 표시된 맨 아래층 블록 1개가 어디서도 보이지 않는다.

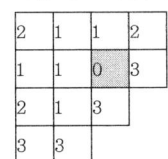

2	1	1	2
1	1	0	3
2	1	3	
3	3		

29

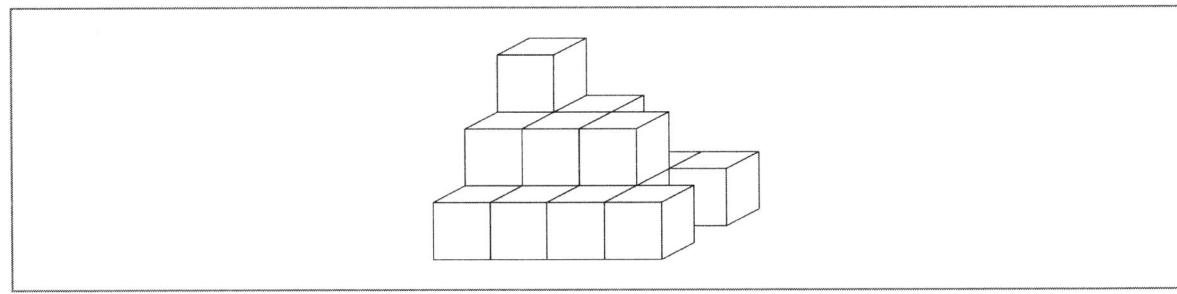

① 0개

② 1개

③ 2개

④ 3개

⑤ 4개

✔ **해설** 다음에 표시된 맨 아래층 블록 1개가 어디서도 보이지 않는다.

2	1	2	4
1	0	1	
3	2	2	4

30

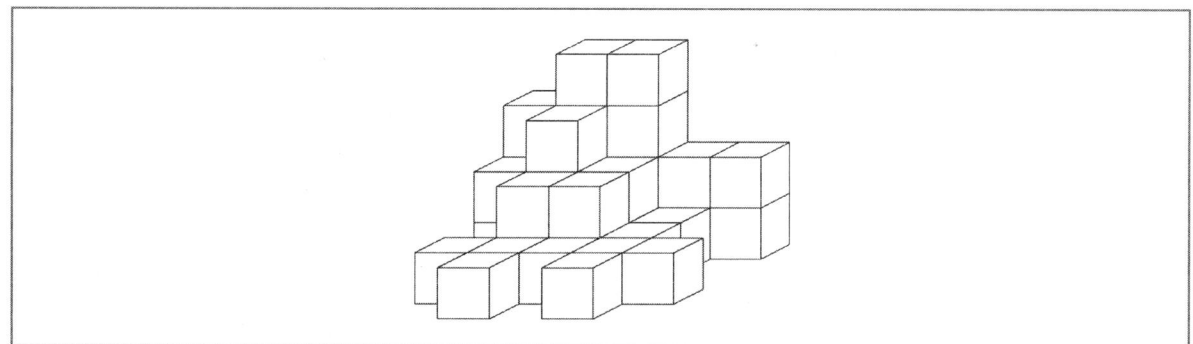

① 3개   ② 4개

③ 5개   ④ 6개

⑤ 7개

✔해설 다음에 표시된 맨 아래층 블록 3개와 2층의 블록 1개가 어디서도 보이지 않는다.

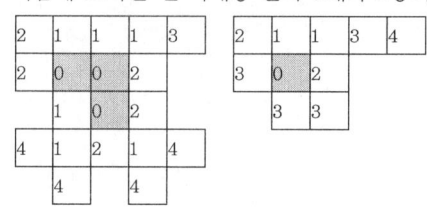

01 인성검사의 개요

02 실전 인성검사

인성검사

Chapter 01 인성검사의 개요

1 인성(성격)검사의 개념과 목적

인성(성격)이란 개인을 특징짓는 평범하고 일상적인 사회적 이미지, 즉 지속적이고 일관된 공적 성격(Public – personality)이며, 환경에 대응함으로써 선천적 · 후천적 요소의 상호작용으로 결정화된 심리적 · 사회적 특성 및 경향을 의미한다.

인성검사는 직무적성검사를 실시하는 대부분의 기업체에서 병행하여 실시하고 있으며, 인성검사만 독자적으로 실시하는 기업도 있다.

기업체에서는 인성검사를 통하여 각 개인이 어떠한 성격 특성이 발달되어 있고, 어떤 특성이 얼마나 부족한지, 그것이 해당 직무의 특성 및 조직문화와 얼마나 맞는지를 알아보고 이에 적합한 인재를 선발하고자 한다. 또한 개인에게 적합한 직무 배분과 부족한 부분을 교육을 통해 보완하도록 할 수 있다.

인성검사의 측정요소는 검사방법에 따라 차이가 있다. 또한 각 기업체들이 사용하고 있는 인성검사는 기존에 개발된 인성검사방법에 각 기업체의 인재상을 적용하여 자신들에게 적합하게 재개발하여 사용하는 경우가 많다. 그러므로 기업체에서 요구하는 인재상을 파악하여 그에 따른 대비책을 준비하는 것이 바람직하다. 본서에서 제시된 인성검사는 크게 '특성'과 '유형'의 측면에서 측정하게 된다.

2 성격의 특성

(1) 정서적 측면

정서적 측면은 평소 마음의 당연시하는 자세나 정신상태가 얼마나 안정되어 있는지 또는 불안정한지를 측정한다.

정서의 상태는 직무수행이나 대인관계와 관련하여 태도나 행동으로 드러난다. 그러므로 정서적 측면을 측정하는 것에 의해, 장래 조직 내의 인간관계에 어느 정도 잘 적응할 수 있을까(또는 적응하지 못할까)를 예측하는 것이 가능하다.

그렇기 때문에, 정서적 측면의 결과는 채용 시에 상당히 중시된다. 아무리 능력이 좋아도 장기적으로 조직 내의 인간관계에 잘 적응할 수 없다고 판단되는 인재는 기본적으로는 채용되지 않는다.

일반적으로 인성(성격)검사는 채용과 관계없다고 생각하나 정서적으로 조직에 적응하지 못하는 인재는 채용단계에서 가려내지는 것을 유의하여야 한다.

① **민감성**(신경도) … 꼼꼼함, 섬세함, 성실함 등의 요소를 통해 일반적으로 신경질적인지 또는 자신의 존재를 위협받는다는 불안을 갖기 쉬운지를 측정한다.

질문	전혀 그렇지 않다	그렇지 않다	그렇다	매우 그렇다
• 배려적이라고 생각한다. • 어지러진 방에 있으면 불안하다. • 실패 후에는 불안하다. • 세세한 것까지 신경쓴다. • 이유 없이 불안할 때가 있다.				

▶측정결과

㉠ '그렇다'가 많은 경우(상처받기 쉬운 유형) : 사소한 일에 신경 쓰고 다른 사람의 사소한 한마디 말에 상처를 받기 쉽다.
- 면접관의 심리 : '동료들과 잘 지낼 수 있을까?', '실패할 때마다 위축되지 않을까?'
- 면접대책 : 다소 신경질적이라도 능력을 발휘할 수 있다는 평가를 얻도록 한다. 주변과 충분한 의사소통이 가능하고, 결정한 것을 실행할 수 있다는 것을 보여주어야 한다.

㉡ '그렇지 않다'가 많은 경우(정신적으로 안정적인 유형) : 사소한 일에 신경 쓰지 않고 금방 해결하며, 주위 사람의 말에 과민하게 반응하지 않는다.
- 면접관의 심리 : '계약할 때 필요한 유형이고, 사고 발생에도 유연하게 대처할 수 있다.'
- 면접대책 : 일반적으로 '민감성'의 측정치가 낮으면 플러스 평가를 받으므로 더욱 자신감 있는 모습을 보여준다.

② **자책성(과민도)** ··· 자신을 비난하거나 책망하는 정도를 측정한다.

질문	전혀 그렇지 않다	그렇지 않다	그렇다	매우 그렇다
• 후회하는 일이 많다. • 자신이 하찮은 존재라 생각된다. • 문제가 발생하면 자기의 탓이라고 생각한다. • 무슨 일이든지 끙끙대며 진행하는 경향이 있다. • 온순한 편이다.				

▶측정결과

㉠ '그렇다'가 많은 경우(자책하는 유형) : 비관적이고 후회하는 유형이다.
 • 면접관의 심리 : '끙끙대며 괴로워하고, 일을 진행하지 못할 것 같다.'
 • 면접대책 : 기분이 저조해도 항상 의욕을 가지고 생활하는 것과 책임감이 강하다는 것을 보여준다.
㉡ '그렇지 않다'가 많은 경우(낙천적인 유형) : 기분이 항상 밝은 편이다.
 • 면접관의 심리 : '안정된 대인관계를 맺을 수 있고, 외부의 압력에도 흔들리지 않는다.'
 • 면접대책 : 일반적으로 '자책성'의 측정치가 낮아야 좋은 평가를 받는다.

③ **기분성(불안도)** ··· 기분의 굴곡이나 감정적인 면의 미숙함이 어느 정도인지를 측정하는 것이다.

질문	전혀 그렇지 않다	그렇지 않다	그렇다	매우 그렇다
• 다른 사람의 의견에 자신의 결정이 흔들리는 경우가 많다. • 기분이 쉽게 변한다. • 종종 후회한다. • 다른 사람보다 의지가 약한 편이라고 생각한다. • 금방 싫증을 내는 성격이라는 말을 자주 듣는다.				

▶측정결과

㉠ '그렇다'가 많은 경우(감정의 기복이 많은 유형) : 의지력보다 기분에 따라 행동하기 쉽다.
 • 면접관의 심리 : '감정적인 것에 약하며, 상황에 따라 생산성이 떨어지지 않을까?'
 • 면접대책 : 주변 사람들과 항상 협조한다는 것을 강조하고 한결같은 상태로 일할 수 있다는 평가를 받도록 한다.
㉡ '그렇지 않다'가 많은 경우(감정의 기복이 적은 유형) : 감정의 기복이 없고, 안정적이다.
 • 면접관의 심리 : '안정적으로 업무에 임할 수 있다.'
 • 면접대책 : 기분성의 측정치가 낮으면 플러스 평가를 받으므로 자신감을 가지고 면접에 임한다.

④ **독자성**(개인도) ··· 주변에 대한 견해나 관심, 자신의 견해나 생각에 어느 정도의 속박감을 가지고 있는지를 측정한다.

질문	전혀 그렇지 않다	그렇지 않다	그렇다	매우 그렇다
• 창의적 사고방식을 가지고 있다. • 융통성이 없는 편이다. • 혼자 있는 편이 많은 사람과 있는 것보다 편하다. • 개성적이라는 말을 듣는다. • 교제는 번거로운 것이라고 생각하는 경우가 많다.				

▶측정결과

㉠ '그렇다'가 많은 경우 : 자기의 관점을 중요하게 생각하는 유형으로, 주위의 상황보다 자신의 느낌과 생각을 중시한다.
 • 면접관의 심리 : '제멋대로 행동하지 않을까?'
 • 면접대책 : 주위 사람과 협조하여 일을 진행할 수 있다는 것과 상식에 얽매이지 않는다는 인상을 심어준다.
㉡ '그렇지 않다'가 많은 경우 : 상식적으로 행동하고 주변 사람의 시선에 신경을 쓴다.
 • 면접관의 심리 : '다른 직원들과 협조하여 업무를 진행할 수 있겠다.'
 • 면접대책 : 협조성이 요구되는 기업체에서는 플러스 평가를 받을 수 있다.

⑤ **자신감(자존심도)** … 자기 자신에 대해 얼마나 긍정적으로 평가하는지를 측정한다.

질문	전혀 그렇지 않다	그렇지 않다	그렇다	매우 그렇다
• 다른 사람보다 능력이 뛰어나다고 생각한다. • 다소 반대의견이 있어도 나만의 생각으로 행동할 수 있다. • 나는 다른 사람보다 기가 센 편이다. • 동료가 나를 모욕해도 무시할 수 있다. • 대개의 일을 목적한 대로 헤쳐나갈 수 있다고 생각한다.				

▶측정결과

㉠ '그렇다'가 많은 경우 : 자기 능력이나 외모 등에 자신감이 있고, 비판당하는 것을 좋아하지 않는다.
 • 면접관의 심리 : '자만하여 지시에 잘 따를 수 있을까?'
 • 면접대책 : 다른 사람의 조언을 잘 받아들이고, 겸허하게 반성하는 면이 있다는 것을 보여주고, 동료들과 잘 지내며 리더의 자질이 있다는 것을 강조한다.

㉡ '그렇지 않다'가 많은 경우 : 자신감이 없고 다른 사람의 비판에 약하다.
 • 면접관의 심리 : '패기가 부족하지 않을까?', '쉽게 좌절하지 않을까?'
 • 면접대책 : 극도의 자신감 부족으로 평가되지는 않는다. 그러나 마음이 약한 면은 있지만 의욕적으로 일을 하겠다는 마음가짐을 보여준다.

⑥ **고양성(분위기에 들뜨는 정도)** … 자유분방함, 명랑함과 같이 감정(기분)의 높고 낮음의 정도를 측정한다.

질문	전혀 그렇지 않다	그렇지 않다	그렇다	매우 그렇다
• 침착하지 못한 편이다. • 다른 사람보다 쉽게 우쭐해진다. • 모든 사람이 아는 유명인사가 되고 싶다. • 모임이나 집단에서 분위기를 이끄는 편이다. • 취미 등이 오랫동안 지속되지 않는 편이다.				

▶측정결과

㉠ '그렇다'가 많은 경우 : 자극이나 변화가 있는 일상을 원하고 기분을 들뜨게 하는 사람과 친밀하게 지내는 경향이 강하다.

• 면접관의 심리 : "일을 진행하는 데 변덕스럽지 않을까?"

• 면접대책 : 밝은 태도는 플러스 평가를 받을 수 있지만, 착실한 업무능력이 요구되는 직종에서는 마이너스 평가가 될 수 있다. 따라서 자기조절이 가능하다는 것을 보여준다.

㉡ '그렇지 않다'가 많은 경우 : 감정이 항상 일정하고, 속을 드러내 보이지 않는다.

• 면접관의 심리 : '안정적인 업무 태도를 기대할 수 있겠다.'

• 면접대책 : '고양성'의 낮음은 대체로 플러스 평가를 받을 수 있다. 그러나 '무엇을 생각하고 있는지 모르겠다' 등의 평을 듣지 않도록 주의한다.

⑦ 허위성(진위성) … 필요 이상으로 자기를 좋게 보이려 하거나 기업체가 원하는 '이상형'에 맞춘 대답을 하고 있는지, 없는지를 측정한다.

질문	전혀 그렇지 않다	그렇지 않다	그렇다	매우 그렇다
• 약속을 깨뜨린 적이 한 번도 없다. • 다른 사람을 부럽다고 생각해 본 적이 없다. • 꾸지람을 들은 적이 없다. • 사람을 미워한 적이 없다. • 화를 낸 적이 한 번도 없다.				

▶측정결과

㉠ '그렇다'가 많은 경우 : 실제의 자기와는 다른, 말하자면 원칙으로 해답할 가능성이 있다.

• 면접관의 심리 : '거짓을 말하고 있다.'

• 면접대책 : 조금이라도 좋게 보이려고 하는 '거짓말쟁이'로 평가될 수 있다. '거짓을 말하고 있다.'는 마음 따위가 전혀 없다 해도 결과적으로는 정직하게 답하지 않는다는 것이 되어 버린다. '허위성'의 측정 질문은 구분되지 않고 다른 질문 중에 섞여 있다. 그러므로 모든 질문에 솔직하게 답하여야 한다. 또한 자기 자신과 너무 동떨어진 이미지로 답하면 좋은 결과를 얻지 못한다. 그리고 면접에서 '허위성'을 기본으로 한 질문을 받게 되므로 당황하거나 또다른 모순된 답변을 하게 된다. 겉치레를 하거나 무리한 욕심을 부리지 말고 '이런 사회인이 되고 싶다.'는 현재의 자신보다, 조금 성장한 자신을 표현하는 정도가 적당하다.

㉡ '그렇지 않다'가 많은 경우 : 냉정하고 정직하며, 외부의 압력과 스트레스에 강한 유형이다. '대쪽 같음'의 이미지가 굳어지지 않도록 주의한다.

(2) 행동적인 측면

행동적 측면은 인격 중에 특히 행동으로 드러나기 쉬운 측면을 측정한다. 사람의 행동 특징 자체에는 선도 악도 없으나, 일반적으로는 일의 내용에 의해 원하는 행동이 있다. 때문에 행동적 측면은 주로 직종과 깊은 관계가 있는데 자신의 행동 특성을 살려 적합한 직종을 선택한다면 플러스가 될 수 있다.

행동 특성에서 보여 지는 특징은 면접장면에서도 드러나기 쉬운데 본서의 모의 TEST의 결과를 참고하여 자신의 태도, 행동이 면접관의 시선에 어떻게 비치는지를 점검하도록 한다.

① 사회적 내향성 … 대인관계에서 나타나는 행동경향으로 '낯가림'을 측정한다.

질문	선택
A : 파티에서는 사람을 소개받은 편이다. B : 파티에서는 사람을 소개하는 편이다.	
A : 처음 보는 사람과는 어색하게 시간을 보내는 편이다. B : 처음 보는 사람과는 즐거운 시간을 보내는 편이다.	
A : 친구가 적은 편이다. B : 친구가 많은 편이다.	
A : 자신의 의견을 말하는 경우가 적다. B : 자신의 의견을 말하는 경우가 많다.	
A : 사교적인 모임에 참석하는 것을 좋아하지 않는다. B : 사교적인 모임에 항상 참석한다.	

▶측정결과

㉠ 'A'가 많은 경우 : 내성적이고 사람들과 접하는 것에 소극적이다. 자신의 의견을 말하지 않고 조심스러운 편이다.
• 면접관의 심리 : '소극적인데 동료와 잘 지낼 수 있을까?'
• 면접대책 : 대인관계를 맺는 것을 싫어하지 않고 의욕적으로 일을 할 수 있다는 것을 보여준다.

㉡ 'B'가 많은 경우 : 사교적이고 자기의 생각을 명확하게 전달할 수 있다.
• 면접관의 심리 : '사교적이고 활동적인 것은 좋지만, 자기주장이 너무 강하지 않을까?'
• 면접대책 : 협조성을 보여주고, 자기주장이 너무 강하다는 인상을 주지 않도록 주의한다.

② 내성성(침착도) … 자신의 행동과 일에 대해 침착하게 생각하는 정도를 측정한다.

질문	선택
A : 시간이 걸려도 침착하게 생각하는 경우가 많다. B : 짧은 시간에 결정을 하는 경우가 많다.	
A : 실패의 원인을 찾고 반성하는 편이다. B : 실패를 해도 그다지(별로) 개의치 않는다.	
A : 결론이 도출되어도 몇 번 정도 생각을 바꾼다. B : 결론이 도출되면 신속하게 행동으로 옮긴다.	
A : 여러 가지 생각하는 것이 능숙하다. B : 여러 가지 일을 재빨리 능숙하게 처리하는 데 익숙하다.	
A : 여러 가지 측면에서 사물을 검토한다. B : 행동한 후 생각을 한다.	

▶측정결과

㉠ 'A'가 많은 경우 : 행동하기 보다는 생각하는 것을 좋아하고 신중하게 계획을 세워 실행한다.

• 면접관의 심리 : '행동으로 실천하지 못하고, 대응이 늦은 경향이 있지 않을까?'

• 면접대책 : 발로 뛰는 것을 좋아하고, 일을 더디게 한다는 인상을 주지 않도록 한다.

㉡ 'B'가 많은 경우 : 차분하게 생각하는 것보다 우선 행동하는 유형이다.

• 면접관의 심리 : '생각하는 것을 싫어하고 경솔한 행동을 하지 않을까?'

• 면접대책 : 계획을 세우고 행동할 수 있는 것을 보여주고 '사려깊다'라는 인상을 남기도록 한다.

③ 신체활동성 … 몸을 움직이는 것을 좋아하는가를 측정한다.

질문	선택
A : 민첩하게 활동하는 편이다. B : 준비행동이 없는 편이다.	
A : 일을 척척 해치우는 편이다. B : 일을 더디게 처리하는 편이다.	
A : 활발하다는 말을 듣는다. B : 얌전하다는 말을 듣는다.	
A : 몸을 움직이는 것을 좋아한다. B : 가만히 있는 것을 좋아한다.	
A : 스포츠를 하는 것을 즐긴다. B : 스포츠를 보는 것을 좋아한다.	

▶측정결과

㉠ 'A'가 많은 경우 : 활동적이고, 몸을 움직이게 하는 것이 컨디션이 좋다.

• 면접관의 심리 : '활동적으로 활동력이 좋아 보인다.'

• 면접대책 : 활동하고 얻은 성과 등과 주어진 상황의 대응능력을 보여준다.

㉡ 'B'가 많은 경우 : 침착한 인상으로, 차분하게 있는 타입이다.

• 면접관의 심리 : '좀처럼 행동하려 하지 않아 보이고, 일을 빠르게 처리할 수 있을까?'

④ 지속성(노력성) … 무슨 일이든 포기하지 않고 끈기 있게 하려는 정도를 측정한다.

질문	선택
A : 일단 시작한 일은 시간이 걸려도 끝까지 마무리한다. B : 일을 하다 어려움에 부딪히면 단념한다.	
A : 끈질긴 편이다. B : 바로 단념하는 편이다.	
A : 인내가 강하다는 말을 듣는다. B : 금방 싫증을 낸다는 말을 듣는다.	
A : 집념이 깊은 편이다. B : 담백한 편이다.	
A : 한 가지 일에 구애되는 것이 좋다고 생각한다. B : 간단하게 체념하는 것이 좋다고 생각한다.	

▶측정결과

㉠ 'A'가 많은 경우 : 시작한 것은 어려움이 있어도 포기하지 않고 인내심이 높다.
- 면접관의 심리 : '한 가지의 일에 너무 구애되고, 업무의 진행이 원활할까?'
- 면접대책 : 인내력이 있는 것은 플러스 평가를 받을 수 있지만 집착이 강해 보이기도 한다.

㉡ 'B'가 많은 경우 : 뒤끝이 없고 조그만 실패로 일을 포기하기 쉽다.
- 면접관의 심리 : '질리는 경향이 있고, 일을 정확히 끝낼 수 있을까?'
- 면접대책 : 지속적인 노력으로 성공했던 사례를 준비하도록 한다.

⑤ 신중성(주의성) ··· 자신이 처한 주변상황을 즉시 파악하고 자신의 행동이 어떤 영향을 미치는지를 측정한다.

질문	선택
A : 여러 가지로 생각하면서 완벽하게 준비하는 편이다. B : 행동할 때부터 임기응변적인 대응을 하는 편이다.	
A : 신중해서 타이밍을 놓치는 편이다. B : 준비 부족으로 실패하는 편이다.	
A : 자신은 어떤 일에도 신중히 대응하는 편이다. B : 순간적인 충동으로 활동하는 편이다.	
A : 시험을 볼 때 끝날 때까지 재검토하는 편이다. B : 시험을 볼 때 한 번에 모든 것을 마치는 편이다.	
A : 일에 대해 계획표를 만들어 실행한다. B : 일에 대한 계획표 없이 진행한다.	

▶측정결과

㉠ 'A'가 많은 경우 : 주변 상황에 민감하고, 예측하여 계획 있게 일을 진행한다.
- 면접관의 심리 : '너무 신중해서 적절한 판단을 할 수 있을까?', '앞으로의 상황에 불안을 느끼지 않을까?'
- 면접대책 : 예측을 하고 실행을 하는 것은 플러스 평가가 되지만, 너무 신중하면 일의 진행이 정체될 가능성을 보이므로 추진력이 있다는 강한 의욕을 보여준다.

㉡ 'B'가 많은 경우 : 주변 상황을 살펴보지 않고 착실한 계획 없이 일을 진행시킨다.
- 면접관의 심리 : '사려 깊지 않고, 실패하는 일이 많지 않을까?', '판단이 빠르고 유연한 사고를 할 수 있을까?'
- 면접대책 : 사전준비를 중요하게 생각하고 있다는 것 등을 보여주고, 경솔한 인상을 주지 않도록 한다. 또한 판단력이 빠르거나 유연한 사고 덕분에 일 처리를 잘 할 수 있다는 것을 강조한다.

(3) 의욕적인 측면

의욕적인 측면은 의욕의 정도, 활동력의 유무 등을 측정한다. 여기서의 의욕이란 우리들이 보통 말하고 사용하는 '하려는 의지'와는 조금 뉘앙스가 다르다. '하려는 의지'란 그 때의 환경이나 기분에 따라 변화하는 것이지만, 여기에서는 조금 더 변화하기 어려운 특징, 말하자면 정신적 에너지의 양으로 측정하는 것이다.

의욕적 측면은 행동적 측면과는 다르고, 전반적으로 어느 정도 점수가 높은 쪽을 선호한다. 모의검사의 의욕적 측면의 결과가 낮다면, 평소 일에 몰두할 때 조금 의욕 있는 자세를 가지고 서서히 개선하도록 노력해야 한다.

① 달성의욕 … 목적의식을 가지고 높은 이상을 가지고 있는지를 측정한다.

질문	선택
A : 경쟁심이 강한 편이다. B : 경쟁심이 약한 편이다.	
A : 어떤 한 분야에서 제1인자가 되고 싶다고 생각한다. B : 어느 분야에서든 성실하게 임무를 진행하고 싶다고 생각한다.	
A : 규모가 큰 일을 해보고 싶다. B : 맡은 일에 충실히 임하고 싶다.	
A : 아무리 노력해도 실패한 것은 아무런 도움이 되지 않는다. B : 가령 실패했을 지라도 나름대로의 노력이 있었으므로 괜찮다.	
A : 높은 목표를 설정하여 수행하는 것이 의욕적이다. B : 실현 가능한 정도의 목표를 설정하는 것이 의욕적이다.	

▶측정결과

㉠ 'A'가 많은 경우 : 큰 목표와 높은 이상을 가지고 승부욕이 강한 편이다.
- 면접관의 심리 : '열심히 일을 해줄 것 같은 유형이다.'
- 면접대책 : 달성의욕이 높다는 것은 어떤 직종이라도 플러스 평가가 된다.

㉡ 'B'가 많은 경우 : 현재의 생활을 소중하게 여기고 비약적인 발전을 위하여 기를 쓰지 않는다.
- 면접관의 심리 : '외부의 압력에 약하고, 기획입안 등을 하기 어려울 것이다.'
- 면접대책 : 일을 통하여 하고 싶은 것들을 구체적으로 어필한다.

② **활동의욕** … 자신에게 잠재된 에너지의 크기로, 정신적인 측면의 활동력이라 할 수 있다.

질문	선택
A : 하고 싶은 일을 실행으로 옮기는 편이다. B : 하고 싶은 일을 좀처럼 실행할 수 없는 편이다.	
A : 어려운 문제를 해결해 가는 것이 좋다. B : 어려운 문제를 해결하는 것을 잘하지 못한다.	
A : 일반적으로 결단이 빠른 편이다. B : 일반적으로 결단이 느린 편이다.	
A : 곤란한 상황에도 도전하는 편이다. B : 사물의 본질을 깊게 관찰하는 편이다.	
A : 시원시원하다는 말을 잘 듣는다. B : 꼼꼼하다는 말을 잘 듣는다.	

▶측정결과

㉠ 'A'가 많은 경우 : 꾸물거리는 것을 싫어하고 재빠르게 결단해서 행동하는 타입이다.
 • 면접관의 심리 : '일을 처리하는 솜씨가 좋고, 일을 척척 진행할 수 있을 것 같다.'
 • 면접대책 : 활동의욕이 높은 것은 플러스 평가가 된다. 사교성이나 활동성이 강하다는 인상을 준다.
㉡ 'B'가 많은 경우 : 안전하고 확실한 방법을 모색하고 차분하게 시간을 아껴서 일에 임하는 타입이다.
 • 면접관의 심리 : '재빨리 행동을 못하고, 일의 처리속도가 느린 것이 아닐까?'
 • 면접대책 : 활동성이 있는 것을 좋아하고 움직임이 더디다는 인상을 주지 않도록 한다.

3 성격의 유형

(1) 인성검사유형의 4가지 척도

  정서적인 측면, 행동적인 측면, 의욕적인 측면의 요소들은 성격 특성이라는 관점에서 제시된 것들로 각 개인의 장·단점을 파악하는 데 유용하다. 그러나 전체적인 개인의 인성을 이해하는 데는 한계가 있다.

  성격의 유형은 개인의 '성격적인 특색'을 가리키는 것으로, 사회인으로서 적합한지, 아닌지를 말하는 관점과는 관계가 없다. 따라서 채용의 합격 여부에는 사용되지 않는 경우가 많으며, 입사 후의 적정 부서 배치의 자료가 되는 편이라 생각하면 된다. 그러나 채용과 관계가 없다고 해서 아무런 준비도 필요없는 것은 아니다. 자신을 아는 것은 면접 대책의 밑거름이 되므로 모의검사 결과를 충분히 활용하도록 하여야 한다.

  본서에서는 4개의 척도를 사용하여 기본적으로 16개의 패턴으로 성격의 유형을 분류하고 있다. 각 개인의 성격이 어떤 유형인지 재빨리 파악하기 위해 사용되며, '적성'에 맞는지, 맞지 않는지의 관점에 활용된다.

- 흥미 · 관심의 방향 : 내향형 ←————→ 외향형
- 사물에 대한 견해 : 직관형 ←————→ 감각형
- 판단하는 방법 : 감정형 ←————→ 사고형
- 환경에 대한 접근방법 : 지각형 ←————→ 판단형

(2) 성격유형

① 흥미 · 관심의 방향(내향⇆외향) … 흥미 · 관심의 방향이 자신의 내면에 있는지, 주위환경 등 외면에 향하는 지를 가리키는 척도이다.

질문	선택
A : 내성적인 성격인 편이다. B : 개방적인 성격인 편이다.	
A : 항상 신중하게 생각을 하는 편이다. B : 바로 행동에 착수하는 편이다.	
A : 수수하고 조심스러운 편이다. B : 자기 표현력이 강한 편이다.	
A : 다른 사람과 함께 있으면 침착하지 않다. B : 혼자서 있으면 침착하지 않다.	

▶측정결과

㉠ 'A'가 많은 경우(내향) : 관심의 방향이 자기 내면에 있으며, 조용하고 낯을 가리는 유형이다. 행동력은 부족하나 집중력이 뛰어나고 신중하고 꼼꼼하다.

㉡ 'B'가 많은 경우(외향) : 관심의 방향이 외부환경에 있으며, 사교적이고 활동적인 유형이다. 꼼꼼함이 부족하여 대충하는 경향이 있으나 행동력이 있다.

② 일(사물)을 보는 방법(직감⇆감각) … 일(사물)을 보는 법이 직감적으로 형식에 얽매이는지, 감각적으로 상식적인지를 가리키는 척도이다.

질문	선택
A : 현실주의적인 편이다. B : 상상력이 풍부한 편이다. A : 정형적인 방법으로 일을 처리하는 것을 좋아한다. B : 만들어진 방법에 변화가 있는 것을 좋아한다. A : 경험에서 가장 적합한 방법으로 선택한다. B : 지금까지 없었던 새로운 방법을 개척하는 것을 좋아한다. A : 성실하다는 말을 듣는다. B : 호기심이 강하다는 말을 듣는다.	

▶측정결과
㉠ 'A'가 많은 경우(감각) : 현실적이고 경험주의적이며 보수적인 유형이다.
㉡ 'B'가 많은 경우(직관) : 새로운 주제를 좋아하며, 독자적인 시각을 가진 유형이다.

③ 판단하는 방법(감정⇆사고) … 일을 감정적으로 판단하는지, 논리적으로 판단하는지를 가리키는 척도이다.

질문	선택
A : 인간관계를 중시하는 편이다. B : 일의 내용을 중시하는 편이다. A : 결론을 자기의 신념과 감정에서 이끌어내는 편이다. B : 결론을 논리적 사고에 의거하여 내리는 편이다. A : 다른 사람보다 동정적이고 눈물이 많은 편이다. B : 다른 사람보다 이성적이고 냉정하게 대응하는 편이다. A : 남의 이야기를 듣고 감정몰입이 빠른 편이다. B : 고민 상담을 받으면 해결책을 제시해주는 편이다.	

▶측정결과
㉠ 'A'가 많은 경우(감정) : 일을 판단할 때 마음·감정을 중요하게 여기는 유형이다. 감정이 풍부하고 친절하나 엄격함이 부족하고 우유부단하며, 합리성이 부족하다.
㉡ 'B'가 많은 경우(사고) : 일을 판단할 때 논리성을 중요하게 여기는 유형이다. 이성적이고 합리적이나 타인에 대한 배려가 부족하다.

④ 환경에 대한 접근방법 ··· 주변상황에 어떻게 접근하는지, 그 판단기준을 어디에 두는지를 측정한다.

질문	선택
A : 사전에 계획을 세우지 않고 행동한다. B : 반드시 계획을 세우고 그것에 의거해서 행동한다.	
A : 자유롭게 행동하는 것을 좋아한다. B : 조직적으로 행동하는 것을 좋아한다.	
A : 조직성이나 관습에 속박당하지 않는다. B : 조직성이나 관습을 중요하게 여긴다.	
A : 계획 없이 낭비가 심한 편이다. B : 예산을 세워 물건을 구입하는 편이다.	

▶측정결과

㉠ 'A'가 많은 경우(지각) : 일의 변화에 융통성을 가지고 유연하게 대응하는 유형이다. 낙관적이며 질서보다는 자유를 좋아하나 임기응변식의 대응으로 무계획적인 인상을 줄 수 있다.

㉡ 'B'가 많은 경우(판단) : 일의 진행시 계획을 세워서 실행하는 유형이다. 순차적으로 진행하는 일을 좋아하고 끈기가 있으나 변화에 대해 적절하게 대응하지 못하는 경향이 있다.

4 **인성검사의 대책**

(1) 미리 알아두어야 할 점

① 출제 문항 수 … 인성검사의 출제 문항 수는 특별히 정해진 것이 아니며 각 기업체의 기준에 따라 달라질 수 있다. 보통 100문항 이상에서 500문항까지 출제된다고 예상하면 된다.

② 출제형식

   ⊙ 1Set로 묶인 세 개의 문항 중 자신에게 가장 가까운 것(Most)과 가장 먼 것(Least)을 하나씩 고르는 유형

다음 세 가지 문항 중 자신에게 가장 가까운 것은 Most, 가장 먼 것은 Least에 체크하시오.

질문	Most	Least
① 자신의 생각이나 의견은 좀처럼 변하지 않는다.	✔	
② 구입한 후 끝까지 읽지 않은 책이 많다.		✔
③ 여행가기 전에 계획을 세운다.		

   ⓛ '예' 아니면 '아니오'의 유형

다음 문항을 읽고 자신에게 해당되는지 안 되는지를 판단하여 해당될 경우 '예'를, 해당되지 않을 경우 '아니오'를 고르시오.

질문	예	아니오
① 걱정거리가 있어서 잠을 못 잘 때가 있다.	✔	
② 시간에 쫓기는 것이 싫다.		✔

   ⓒ 그 외의 유형

다음 문항에 대해서 평소에 자신이 생각하고 있는 것이나 행동하고 있는 것에 체크하시오.

질문	전혀 그렇지 않다	그렇지 않다	그렇다	매우 그렇다
① 머리를 쓰는 것보다 땀을 흘리는 일이 좋다.			✔	
② 자신은 사교적이 아니라고 생각한다.	✔			

(2) 임하는 자세

① 솔직하게 있는 그대로 표현한다 … 인성검사는 평범한 일상생활 내용들을 다룬 짧은 문장과 어떤 대상이나 일에 대한 선로를 선택하는 문장으로 구성되었으므로 평소에 자신이 생각한 바를 너무 골똘히 생각하지 말고 문제를 보는 순간 떠오른 것을 표현한다.

② 모든 문제를 신속하게 대답한다 … 인성검사는 시간 제한이 없는 것이 원칙이지만 기업체들은 일정한 시간 제한을 두고 있다. 인성검사는 개인의 성격과 자질을 알아보기 위한 검사이기 때문에 정답이 없다. 다만, 기업체에서 바람직하게 생각하거나 기대되는 결과가 있을 뿐이다. 따라서 시간에 쫓겨서 대충 대답을 하는 것은 바람직하지 못하다.

③ 일관성 있게 대답한다 … 간혹 반복되는 문제들이 출제되기 때문에 일관성 있게 답하지 않으면 감점될 수 있으므로 유의한다. 실제로 공기업 인사부 직원의 인터뷰에 따르면 일관성이 없게 대답한 응시자들이 감점을 받아 탈락했다고 한다. 거짓된 응답을 하다보면 일관성 없는 결과가 나타날 수 있으므로, 위에서 언급한 대로 신속하고 솔직하게 답해 일관성 있는 응답을 하는 것이 중요하다.

④ 마지막까지 집중해서 검사에 임한다 … 장시간 진행되는 검사에 지치지 않고 마지막까지 집중해서 정확히 답할 수 있도록 해야 한다.

▎1~210▎ 다음 (   ) 안에 당신에게 적합하다면 YES, 그렇지 않다면 NO를 선택하시오(인성검사는 응시자의 인성을 파악하기 위한 자료이므로 정답이 존재하지 않습니다).

         YES NO

1. 조금이라도 나쁜 소식은 절망의 시작이라고 생각해버린다. ·······················( )( )

2. 언제나 실패가 걱정이 되어 어쩔 줄 모른다. ····································( )( )

3. 다수결의 의견에 따르는 편이다. ···( )( )

4. 혼자서 식당에 들어가는 것은 전혀 두려운 일이 아니다. ·····················( )( )

5. 승부근성이 강하다. ···( )( )

6. 자주 흥분해서 침착하지 못하다. ···( )( )

7. 지금까지 살면서 타인에게 폐를 끼친 적이 없다. ····························( )( )

8. 소곤소곤 이야기하는 것을 보면 자기에 대해 험담하고 있는 것으로 생각된다. ·········( )( )

9. 무엇이든지 자기가 나쁘다고 생각하는 편이다. ····························( )( )

10. 자신을 변덕스러운 사람이라고 생각한다. ····································( )( )

11. 고독을 즐기는 편이다. ···( )( )

12. 자존심이 강하다고 생각한다. ··( )( )

13. 금방 흥분하는 성격이다. ···( )( )

14. 거짓말을 한 적이 없다. ··( )( )

15. 신경질적인 편이다. ···( )( )

16. 끙끙대며 고민하는 타입이다. ··( )( )

17. 감정적인 사람이라고 생각한다. ··( )( )

18. 자신만의 신념을 가지고 있다. ···( )( )

19. 다른 사람을 바보 같다고 생각한 적이 있다. ·································( )( )

20. 금방 말해버리는 편이다. ……………………………………………………………………( )( )

21. 싫어하는 사람이 없다. ……………………………………………………………………( )( )

22. 대재앙이 오지 않을까 항상 걱정을 한다. …………………………………………………( )( )

23. 쓸데없는 고생을 하는 일이 많다. ………………………………………………………( )( )

24. 자주 생각이 바뀌는 편이다. ……………………………………………………………( )( )

25. 문제점을 해결하기 위해 여러 사람과 상의한다. …………………………………………( )( )

26. 내 방식대로 일을 한다. ………………………………………………………………( )( )

27. 영화를 보고 운 적이 많다. ……………………………………………………………( )( )

28. 어떤 것에 대해서도 화낸 적이 없다. ……………………………………………………( )( )

29. 사소한 충고에도 걱정을 한다. …………………………………………………………( )( )

30. 자신은 도움이 안되는 사람이라고 생각한다. ………………………………………………( )( )

31. 금방 싫증을 내는 편이다. ……………………………………………………………( )( )

32. 개성적인 사람이라고 생각한다. …………………………………………………………( )( )

33. 자기 주장이 강한 편이다. ……………………………………………………………( )( )

34. 뒤숭숭하다는 말을 들은 적이 있다. ……………………………………………………( )( )

35. 학교를 쉬고 싶다고 생각한 적이 한 번도 없다. …………………………………………( )( )

36. 사람들과 관계맺는 것을 보면 잘하지 못한다. ……………………………………………( )( )

37. 사려깊은 편이다. ……………………………………………………………………( )( )

38. 몸을 움직이는 것을 좋아한다. …………………………………………………………( )( )

39. 끈기가 있는 편이다. …………………………………………………………………( )( )

40. 신중한 편이라고 생각한다. ……………………………………………………………( )( )

41. 인생의 목표는 큰 것이 좋다. …………………………………………………………( )( )

42. 어떤 일이라도 바로 시작하는 타입이다. …………………………………………………( )( )

43. 낯가림을 하는 편이다. ………………………………………………………………( )( )

44. 생각하고 나서 행동하는 편이다. ………………………………………………………( )( )

45. 쉬는 날은 밖으로 나가는 경우가 많다. ································( )( )

46. 시작한 일은 반드시 완성시킨다. ·································( )( )

47. 면밀한 계획을 세운 여행을 좋아한다. ·····························( )( )

48. 야망이 있는 편이라고 생각한다. ·································( )( )

49. 활동력이 있는 편이다. ··( )( )

50. 많은 사람들과 왁자지껄하게 식사하는 것을 좋아하지 않는다. ···········( )( )

51. 돈을 허비한 적이 없다. ··( )( )

52. 운동회를 아주 좋아하고 기대했다. ·······························( )( )

53. 하나의 취미에 열중하는 타입이다. ·······························( )( )

54. 모임에서 회장에 어울린다고 생각한다. ···························( )( )

55. 입신출세의 성공이야기를 좋아한다. ······························( )( )

56. 어떠한 일도 의욕을 가지고 임하는 편이다. ························( )( )

57. 학급에서는 존재가 희미했다. ···································( )( )

58. 항상 무언가를 생각하고 있다. ··································( )( )

59. 스포츠는 보는 것보다 하는 게 좋다. ·····························( )( )

60. '참 잘했네요'라는 말을 듣는다. ·································( )( )

61. 흐린 날은 반드시 우산을 가지고 간다. ···························( )( )

62. 주연상을 받을 수 있는 배우를 좋아한다. ·························( )( )

63. 공격하는 타입이라고 생각한다. ·································( )( )

64. 리드를 받는 편이다. ··( )( )

65. 너무 신중해서 기회를 놓친 적이 있다. ···························( )( )

66. 시원시원하게 움직이는 타입이다. ·······························( )( )

67. 야근을 해서라도 업무를 끝낸다. ·································( )( )

68. 누군가를 방문할 때는 반드시 사전에 확인한다. ····················( )( )

69. 노력해도 결과가 따르지 않으면 의미가 없다. ······················( )( )

70. 무조건 행동해야 한다. ··( )( )

71. 유행에 둔감하다고 생각한다. ··( )( )

72. 정해진대로 움직이는 것은 시시하다. ·······································( )( )

73. 꿈을 계속 가지고 있고 싶다. ··( )( )

74. 질서보다 자유를 중요시하는 편이다. ·······································( )( )

75. 혼자서 취미에 몰두하는 것을 좋아한다. ··································( )( )

76. 직관적으로 판단하는 편이다. ··( )( )

77. 영화나 드라마를 보면 등장인물의 감정에 이입된다. ···············( )( )

78. 시대의 흐름에 역행해서라도 자신을 관철하고 싶다. ···············( )( )

79. 다른 사람의 소문에 관심이 없다. ··( )( )

80. 창조적인 편이다. ···( )( )

81. 비교적 눈물이 많은 편이다. ··( )( )

82. 융통성이 있다고 생각한다. ···( )( )

83. 친구의 휴대전화 번호를 잘 모른다. ···( )( )

84. 스스로 고안하는 것을 좋아한다. ···( )( )

85. 정이 두터운 사람으로 남고 싶다. ··( )( )

86. 조직의 일원으로 별로 안 어울린다. ···( )( )

87. 세상의 일에 별로 관심이 없다. ···( )( )

88. 변화를 추구하는 편이다. ···( )( )

89. 업무는 인간관계로 선택한다. ···( )( )

90. 환경이 변하는 것에 구애되지 않는다. ·····································( )( )

91. 불안감이 강한 편이다. ··( )( )

92. 인생은 살 가치가 없다고 생각한다. ···( )( )

93. 의지가 약한 편이다. ··( )( )

94. 다른 사람이 하는 일에 별로 관심이 없다. ·······························( )( )

95. 사람을 설득시키는 것은 어렵지 않다. ·······························( )( )

96. 심심한 것을 못 참는다. ·······································( )( )

97. 다른 사람을 욕한 적이 한 번도 없다. ···························( )( )

98. 다른 사람에게 어떻게 보일지 신경을 쓴다. ························( )( )

99. 금방 낙심하는 편이다. ··( )( )

100. 다른 사람에게 의존하는 경향이 있다. ···························( )( )

101. 그다지 융통성이 있는 편이 아니다. ···························( )( )

102. 다른 사람이 내 의견에 간섭하는 것이 싫다. ·····················( )( )

103. 낙천적인 편이다. ··( )( )

104. 숙제를 잊어버린 적이 한 번도 없다. ··························( )( )

105. 밤길에는 발소리가 들리기만 해도 불안하다. ·····················( )( )

106. 상냥하다는 말을 들은 적이 있다. ·····························( )( )

107. 자신은 유치한 사람이다. ·······································( )( )

108. 잡담을 하는 것보다 책을 읽는게 낫다. ·························( )( )

109. 나는 영업에 적합한 타입이라고 생각한다. ·····················( )( )

110. 술자리에서 술을 마시지 않아도 흥을 돋울 수 있다. ···············( )( )

111. 한 번도 병원에 간 적이 없다. ·································( )( )

112. 나쁜 일은 걱정이 되어서 어쩔 줄을 모른다. ····················( )( )

113. 쉽게 무기력해지는 편이다. ·····································( )( )

114. 비교적 고분고분한 편이라고 생각한다. ·························( )( )

115. 독자적으로 행동하는 편이다. ···································( )( )

116. 적극적으로 행동하는 편이다. ···································( )( )

117. 금방 감격하는 편이다. ···( )( )

118. 어떤 것에 대해서는 불만을 가진 적이 없다. ····················( )( )

119. 밤에 못 잘 때가 많다. ···( )( )

120. 자주 후회하는 편이다. ···(）（ ）

121. 뜨거워지기 쉽고 식기 쉽다. ···(）（ ）

122. 자신만의 세계를 가지고 있다. ···(）（ ）

123. 많은 사람 앞에서도 긴장하는 일은 없다. ·····························(）（ ）

124. 말하는 것을 아주 좋아한다. ···(）（ ）

125. 인생을 포기하는 마음을 가진 적이 한 번도 없다. ··················(）（ ）

126. 어두운 성격이다. ···(）（ ）

127. 금방 반성한다. ···(）（ ）

128. 활동범위가 넓은 편이다. ···(）（ ）

129. 자신을 끈기있는 사람이라고 생각한다. ·······························(）（ ）

130. 좋다고 생각하더라도 좀 더 검토하고 나서 실행한다. ··············(）（ ）

131. 위대한 인물이 되고 싶다. ···(）（ ）

132. 한 번에 많은 일을 떠맡아도 힘들지 않다. ··························(）（ ）

133. 사람과 만날 약속은 부담스럽다. ··(）（ ）

134. 질문을 받으면 충분히 생각하고 나서 대답하는 편이다. ···········(）（ ）

135. 머리를 쓰는 것보다 땀을 흘리는 일이 좋다. ·······················(）（ ）

136. 결정한 것에는 철저히 구속받는다. ·····································(）（ ）

137. 외출 시 문을 잠그었는지 몇 번을 확인한다. ·······················(）（ ）

138. 이왕 할 거라면 일등이 되고 싶다. ····································(）（ ）

139. 과감하게 도전하는 타입이다. ···(）（ ）

140. 자신은 사교적이 아니라고 생각한다. ···································(）（ ）

141. 무심코 도리에 대해서 말하고 싶어진다. ······························(）（ ）

142. '항상 건강하네요'라는 말을 듣는다. ··································(）（ ）

143. 단념하면 끝이라고 생각한다. ···(）（ ）

144. 예상하지 못한 일은 하고 싶지 않다. ·································(）（ ）

145. 파란만장하더라도 성공하는 인생을 걷고 싶다. ·····································( )( )

146. 활기찬 편이라고 생각한다. ···( )( )

147. 소극적인 편이라고 생각한다. ···( )( )

148. 무심코 평론가가 되어 버린다. ···( )( )

149. 자신은 성급하다고 생각한다. ···( )( )

150. 꾸준히 노력하는 타입이라고 생각한다. ···································( )( )

151. 내일의 계획이라도 메모한다. ···( )( )

152. 리더십이 있는 사람이 되고 싶다. ···( )( )

153. 열정적인 사람이라고 생각한다. ···( )( )

154. 다른 사람 앞에서 이야기를 잘 하지 못한다. ·····························( )( )

155. 통찰력이 있는 편이다. ···( )( )

156. 엉덩이가 가벼운 편이다. ···( )( )

157. 여러 가지로 구애됨이 있다. ···( )( )

158. 돌다리도 두들겨 보고 건너는 쪽이 좋다. ·································( )( )

159. 자신에게는 권력욕이 있다. ···( )( )

160. 업무를 할당받으면 기쁘다. ···( )( )

161. 사색적인 사람이라고 생각한다. ···( )( )

162. 비교적 개혁적이다. ···( )( )

163. 좋고 싫음으로 정할 때가 많다. ···( )( )

164. 전통에 구애되는 것은 버리는 것이 적절하다. ·························( )( )

165. 교제 범위가 좁은 편이다. ···( )( )

166. 발상의 전환을 할 수 있는 타입이라고 생각한다. ·····················( )( )

167. 너무 주관적이어서 실패한다. ···( )( )

168. 현실적이고 실용적인 면을 추구한다. ·······································( )( )

169. 내가 어떤 배우의 팬인지 아무도 모른다. ·································( )( )

170. 현실보다 가능성이다. ···( )( )

171. 마음이 담겨 있으면 선물은 아무 것이나 좋다. ·················( )( )

172. 여행은 마음대로 하는 것이 좋다. ······························( )( )

173. 추상적인 일에 관심이 있는 편이다. ·····························( )( )

174. 일은 대담히 하는 편이다. ·······································( )( )

175. 괴로워하는 사람을 보면 우선 동정한다. ·······················( )( )

176. 가치기준은 자신의 안에 있다고 생각한다. ·····················( )( )

177. 조용하고 조심스러운 편이다. ····································( )( )

178. 상상력이 풍부한 편이라고 생각한다. ···························( )( )

179. 의리, 인정이 두터운 상사를 만나고 싶다. ·····················( )( )

180. 인생의 앞날을 알 수 없어 재미있다. ···························( )( )

181. 밝은 성격이다. ··( )( )

182. 별로 반성하지 않는다. ··( )( )

183. 활동범위가 좁은 편이다. ··( )( )

184. 자신을 시원시원한 사람이라고 생각한다. ·······················( )( )

185. 좋다고 생각하면 바로 행동한다. ·································( )( )

186. 좋은 사람이 되고 싶다. ···( )( )

187. 한 번에 많은 일을 떠맡는 것은 골칫거리라고 생각한다. ··········( )( )

188. 사람과 만날 약속은 즐겁다. ·····································( )( )

189. 질문을 받으면 그때의 느낌으로 대답하는 편이다. ···············( )( )

190. 땀을 흘리는 것보다 머리를 쓰는 일이 좋다. ···················( )( )

191. 결정한 것이라도 그다지 구속받지 않는다. ······················( )( )

192. 외출 시 문을 잠갔는지 별로 확인하지 않는다. ··················( )( )

193. 지위에 어울리면 된다. ··( )( )

194. 안전책을 고르는 타입이다. ······································( )( )

195. 자신은 사교적이라고 생각한다. ·······································( )( )

196. 도리는 상관없다. ·······································( )( )

197. 침착하다는 말을 듣는다. ·······································( )( )

198. 단념이 중요하다고 생각한다. ·······································( )( )

199. 예상하지 못한 일도 해보고 싶다. ·······································( )( )

200. 평범하고 평온하게 행복한 인생을 살고 싶다. ···················( )( )

201. 몹시 귀찮아하는 편이라고 생각한다. ·······························( )( )

202. 특별히 소극적이라고 생각하지 않는다. ···························( )( )

203. 이것저것 평하는 것이 싫다. ·······································( )( )

204. 자신은 성급하지 않다고 생각한다. ·······························( )( )

205. 꾸준히 노력하는 것을 잘 하지 못한다. ···························( )( )

206. 내일의 계획은 머릿속에 기억한다. ·······························( )( )

207. 협동성이 있는 사람이 되고 싶다. ·······························( )( )

208. 열정적인 사람이라고 생각하지 않는다. ···························( )( )

209. 다른 사람 앞에서 이야기를 잘한다. ·······························( )( )

210. 행동력이 있는 편이다. ·······································( )( )

01 면접의 기본

02 면접 기출

PART

04

면접

Chapter 01 면접의 기본

1 면접의 기본

(1) 면접의 기본 원칙

① **면접의 의미** ··· 면접이란 다양한 면접기법을 활용하여 지원한 직무에 필요한 능력을 지원자가 보유하고 있는 지를 확인하는 절차라고 할 수 있다. 즉, 지원자의 입장에서는 채용 직무수행에 필요한 요건들과 관련하여 자신의 환경, 경험, 관심사, 성취 등에 대해 기업에 직접 어필할 수 있는 기회를 제공받는 것이며, 기업의 입장에서는 서류전형만으로 알 수 없는 지원자에 대한 정보를 직접적으로 수집하고 평가하는 것이다.

② **면접의 특징** ··· 면접은 기업의 입장에서 서류전형이나 필기전형에서 드러나지 않는 지원자의 능력이나 성향을 볼 수 있는 기회로, 면대면으로 이루어지며 즉흥적인 질문들이 포함될 수 있기 때문에 지원자가 완벽하게 준비하기 어려운 부분이 있다. 하지만 지원자 입장에서도 서류전형이나 필기전형에서 모두 보여주지 못한 자신의 능력 등을 기업의 인사담당자에게 어필할 수 있는 추가적인 기회가 될 수도 있다.

[서류·필기전형과 차별화되는 면접의 특징]

- 직무수행과 관련된 다양한 지원자 행동에 대한 관찰이 가능하다.
- 면접관이 알고자 하는 정보를 심층적으로 파악할 수 있다.
- 서류상의 미비한 사항과 의심스러운 부분을 확인할 수 있다.
- 커뮤니케이션 능력, 대인관계 능력 등 행동·언어적 정보도 얻을 수 있다.

③ **면접의 유형**
- ㉠ **구조화 면접**: 구조화 면접은 사전에 계획을 세워 질문의 내용과 방법, 지원자의 답변 유형에 따른 추가 질문과 그에 대한 평가 역량이 정해져 있는 면접 방식으로 표준화 면접이라고도 한다.
  - 표준화된 질문이나 평가요소가 면접 전 확정되며, 지원자는 편성된 조나 면접관에 영향을 받지 않고 동일한 질문과 시간을 부여받을 수 있다.
  - 조직 또는 직무별로 주요하게 도출된 역량을 기반으로 평가요소가 구성되어, 조직 또는 직무에서 필요한 역량을 가진 지원자를 선발할 수 있다.
  - 표준화된 형식을 사용하는 특성 때문에 비구조화 면접에 비해 신뢰성과 타당성, 객관성이 높다.

ⓛ 비구조화 면접 : 비구조화 면접은 면접 계획을 세울 때 면접 목적만을 명시하고 내용이나 방법은 면접관에게 전적으로 일임하는 방식으로 비표준화 면접이라고도 한다.

- 표준화된 질문이나 평가요소 없이 면접이 진행되며, 편성된 조나 면접관에 따라 지원자에게 주어지는 질문이나 시간이 다르다.
- 면접관의 주관적인 판단에 따라 평가가 이루어져 평가 오류가 빈번히 일어난다.
- 상황 대처나 언변이 뛰어난 지원자에게 유리한 면접이 될 수 있다.

④ 경쟁력 있는 면접 요령

㉠ 면접 전에 준비하고 유념할 사항
- 예상 질문과 답변을 미리 작성한다.
- 작성한 내용을 문장으로 외우지 않고 키워드로 기억한다.
- 지원한 회사의 최근 기사를 검색하여 기억한다.
- 지원한 회사가 속한 산업군의 최근 기사를 검색하여 기억한다.
- 면접 전 1주일간 이슈가 되는 뉴스를 기억하고 자신의 생각을 반영하여 정리한다.
- 찬반토론에 대비한 주제를 목록으로 정리하여 자신의 논리를 내세운 예상답변을 작성한다.

㉡ 면접장에서 유념할 사항
- 질문의 의도 파악 : 답변을 할 때에는 질문 의도를 파악하고 그에 충실한 답변이 될 수 있도록 질문사항을 유념해야 한다. 많은 지원자가 하는 실수 중 하나로 답변을 하는 도중 자기 말에 심취되어 질문의 의도와 다른 답변을 하거나 자신이 알고 있는 지식만을 나열하는 경우가 있는데, 이럴 경우 의사소통능력이 부족한 사람으로 인식될 수 있으므로 주의하도록 한다.
- 답변은 두괄식 : 답변을 할 때에는 두괄식으로 결론을 먼저 말하고 그 이유를 설명하는 것이 좋다. 미괄식으로 답변을 할 경우 용두사미의 답변이 될 가능성이 높으며, 결론을 이끌어 내는 과정에서 논리성이 결여될 우려가 있다. 또한 면접관이 결론을 듣기 전에 말을 끊고 다른 질문을 추가하는 예상치 못한 상황이 발생될 수 있으므로 답변은 자신이 전달하고자 하는 바를 먼저 밝히고 그에 대한 설명을 하는 것이 좋다.
- 지원한 회사의 기업정신과 인재상을 기억 : 답변을 할 때에는 회사가 원하는 인재라는 인상을 심어주기 위해 지원한 회사의 기업정신과 인재상 등을 염두에 두고 답변을 하는 것이 좋다. 모든 회사에 해당되는 두루뭉술한 답변보다는 지원한 회사에 맞는 맞춤형 답변을 하는 것이 좋다.
- 나보다는 회사와 사회적 관점에서 답변 : 답변을 할 때에는 자기중심적인 관점을 피하고 좀 더 넓은 시각으로 회사와 국가, 사회적 입장까지 고려하는 인재임을 어필하는 것이 좋다. 자기중심적 시각을 바탕으로 자신의 출세만을 위해 회사에 입사하려는 인상을 심어줄 경우 면접에서 불이익을 받을 가능성이 높다.
- 난처한 질문은 정직한 답변 : 난처한 질문에 답변을 해야 할 때에는 피하기보다는 정면 돌파로 정직하고 솔직하게 답변하는 것이 좋다. 난처한 부분을 감추고 드러내지 않으려 회피하려는 지원자의 모습은 인사담당자에게 입사 후에도 비슷한 상황에 처했을 때 회피할 수도 있다는 우려를 심어줄 수 있다. 따라서 직장생활에 있어 중요한 덕목 중 하나인 정직을 바탕으로 솔직하게 답변을 하도록 한다.

(2) 면접의 종류 및 준비 전략

① 인성면접

　㉠ 면접 방식 및 판단기준

　　• 면접 방식 : 인성면접은 면접관이 가지고 있는 개인적 면접 노하우나 관심사에 의해 질문을 실시한다. 주로 입사지원서나 자기소개서의 내용을 토대로 지원동기, 과거의 경험, 미래 포부 등을 이야기하도록 하는 방식이다.

　　• 판단기준 : 면접관의 개인적 가치관과 경험, 해당 역량의 수준, 경험의 구체성·진실성 등

　㉡ 특징 : 인성면접은 그 방식으로 인해 역량과 무관한 질문들이 많고 지원자에게 주어지는 면접질문, 시간 등이 다를 수 있다. 또한 입사지원서나 자기소개서의 내용을 토대로 하기 때문에 지원자별 질문이 달라질 수 있다.

　㉢ 예시 문항 및 준비전략

　　• 예시 문항

> • 3분 동안 자기소개를 해 보십시오.
> • 자신의 장점과 단점을 말해 보십시오.
> • 학점이 좋지 않은데 그 이유가 무엇입니까?
> • 최근에 인상 깊게 읽은 책은 무엇입니까?
> • 회사를 선택할 때 중요시하는 것은 무엇입니까?
> • 일과 개인생활 중 어느 쪽을 중시합니까?
> • 10년 후 자신은 어떤 모습일 것이라고 생각합니까?
> • 휴학 기간 동안에는 무엇을 했습니까?

　　• 준비전략 : 인성면접은 입사지원서나 자기소개서의 내용을 바탕으로 하는 경우가 많으므로 자신이 작성한 입사지원서와 자기소개서의 내용을 충분히 숙지하도록 한다. 또한 최근 사회적으로 이슈가 되고 있는 뉴스에 대한 견해를 묻거나 시사상식 등에 대한 질문을 받을 수 있으므로 이에 대한 대비도 필요하다. 자칫 부담스러워 보이지 않는 질문으로 가볍게 대답하지 않도록 주의하고 모든 질문에 입사 의지를 담아 성실하게 답변하는 것이 중요하다.

② 발표면접

　㉠ 면접 방식 및 판단기준

　　• 면접 방식 : 지원자가 특정 주제와 관련된 자료를 검토하고 그에 대한 자신의 생각을 면접관 앞에서 주어진 시간 동안 발표하고 추가 질의를 받는 방식으로 진행된다.

　　• 판단기준 : 지원자의 사고력, 논리력, 문제해결력 등

　㉡ 특징 : 발표면접은 지원자에게 과제를 부여한 후, 과제를 수행하는 과정과 결과를 관찰·평가한다. 따라서 과제수행 결과뿐 아니라 수행과정에서의 행동을 모두 평가할 수 있다.

ⓒ 예시 문항 및 준비전략

• 예시 문항

[신입사원 조기 이직 문제]

※ 지원자는 아래에 제시된 자료를 검토한 뒤, 신입사원 조기 이직의 원인을 크게 3가지로 정리하고 이에 대한 구체적인 개선안을 도출하여 발표해 주시기 바랍니다.

※ 본 과제에 정해진 정답은 없으나 논리적 근거를 들어 개선안을 작성해 주십시오.

• A기업은 동종업계 유사기업들과 비교해 볼 때, 비교적 높은 재무안정성을 유지하고 있으며 업무강도가 그리 높지 않은 것으로 외부에 알려져 있음.

• 최근 조사결과, 동종업계 유사기업들과 연봉을 비교해 보았을 때 연봉 수준도 그리 나쁘지 않은 편이라는 것이 확인되었음.

• 그러나 지난 3년간 1~2년차 직원들의 이직률이 계속해서 증가하고 있는 추세이며, 경영진 회의에서 최우선 해결과제 중 하나로 거론되었음.

• 이에 따라 인사팀에서 현재 1~2년차 사원들을 대상으로 개선되어야 하는 A기업의 조직문화에 대한 설문조사를 실시한 결과, '상명하복식의 의사소통'이 36.7%로 1위를 차지했음.

• 이러한 설문조사와 함께, 신입사원 조기 이직에 대한 원인을 분석한 결과 파랑새 증후군, 셀프홀릭 증후군, 피터팬 증후군 등 3가지로 분류할 수 있었음.

〈동종업계 유사기업들과의 연봉 비교〉 〈우리 회사 조직문화 중 개선되었으면 하는 것〉

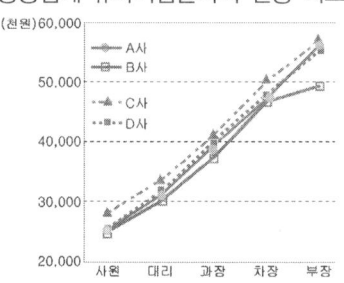
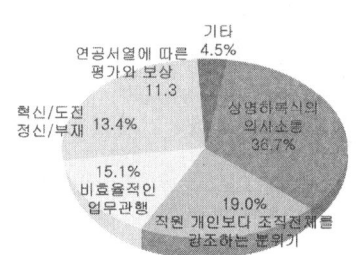

〈신입사원 조기 이직의 원인〉

• 파랑새 증후군
–현재의 직장보다 더 좋은 직장이 있을 것이라는 막연한 기대감으로 끊임없이 새로운 직장을 탐색함.
–학력 수준과 맞지 않는 '하향지원', 전공과 적성을 고려하지 않고 일단 취업하고 보자는 '묻지마 지원'이 파랑새 증후군을 초래함.

• 셀프홀릭 증후군
–본인의 역량에 비해 가치가 낮은 일을 주로 하면서 갈등을 느낌.

• 피터팬 증후군
–기성세대의 문화를 무조건 수용하기보다는 자유로움과 변화를 추구함.
–상명하복, 엄격한 규율 등 기성세대가 당연시하는 관행에 거부감을 가지며 직장에 답답함을 느낌.

• 준비전략 : 발표면접의 시작은 과제 안내문과 과제 상황, 과제 자료 등을 정확하게 이해하는 것에서 출발한다. 과제 안내문을 침착하게 읽고 제시된 주제 및 문제와 관련된 상황의 맥락을 파악한 후 과제를 검토한다. 제시된 기사나 그래프 등을 충분히 활용하여 주어진 문제를 해결할 수 있는 해결책이나 대안을 제시하며, 발표를 할 때에는 명확하고 자신 있는 태도로 전달할 수 있도록 한다.

③ 토론면접

　㉠ 면접 방식 및 판단기준

• 면접 방식 : 상호갈등적 요소를 가진 과제 또는 공통의 과제를 해결하는 내용의 토론 과제를 제시하고, 그 과정에서 개인 간의 상호작용 행동을 관찰하는 방식으로 면접이 진행된다.

• 판단기준 : 팀워크, 적극성, 갈등 조정, 의사소통능력, 문제해결능력 등

　㉡ 특징 : 토론을 통해 도출해 낸 최종안의 타당성도 중요하지만, 결론을 도출해 내는 과정에서의 의사소통능력이나 갈등상황에서 의견을 조정하는 능력 등이 중요하게 평가되는 특징이 있다.

　㉢ 예시 문항 및 준비전략

• 예시 문항

> • 담뱃값 인상에 대한 찬반토론
> • 비정규직 철폐에 대한 찬반토론
> • 대학의 영어 강의 확대 찬반토론

• 준비전략 : 토론면접은 무엇보다 팀워크와 적극성이 강조된다. 따라서 토론과정에 적극적으로 참여하며 자신의 의사를 분명하게 전달하며, 갈등상황에서 자신의 의견만 내세울 것이 아니라 다른 지원자의 의견을 경청하고 배려하는 모습도 중요하다. 갈등상황을 일목요연하게 정리하여 조정하는 등의 의사소통능력을 발휘하는 것도 좋은 전략이 될 수 있다.

④ 상황면접

　㉠ 면접 방식 및 판단기준

• 면접 방식 : 상황면접은 직무 수행 시 접할 수 있는 상황들을 제시하고, 그러한 상황에서 어떻게 행동할 것인지를 이야기하는 방식으로 진행된다.

• 판단기준 : 해당 상황에 적절한 역량의 구현과 구체적 행동지표

　㉡ 특징 : 실제 직무 수행 시 접할 수 있는 상황들을 제시하므로 입사 이후 지원자의 업무수행능력을 평가하는 데 적절한 면접 방식이다. 또한 지원자의 가치관, 태도, 사고방식 등의 요소를 통합적으로 평가하는 데 용이하다.

ⓒ 예시 문항 및 준비전략

• 예시 문항

> 당신은 생산관리팀의 팀원으로, 생산팀이 기한에 맞춰 효율적으로 제품을 생산할 수 있도록 관리하는 역할을 맡고 있습니다. 3개월 뒤에 제품A를 정상적으로 출시하기 위해 생산팀의 생산 계획을 수립한 상황입니다. 그러나 원가가 곧 실적으로 이어지는 구매팀에서는 최대한 원가를 줄여 전반적 단가를 낮추려고 원가절감을 위한 제안을 하였으나, 연구개발팀에서는 구매팀이 제안한 방식으로 제품을 생산할 경우 대부분이 구매팀의 실적으로 산정될 것이므로 제대로 확인도 해보지 않은 채 적합하지 않은 방식이라고 판단하고 있습니다. 당신은 어떻게 하겠습니까?

• 준비전략 : 상황면접은 먼저 주어진 상황에서 핵심이 되는 문제가 무엇인지를 파악하는 것에서 시작한다. 주질문과 세부질문을 통하여 질문의 의도를 파악하였다면, 그에 대한 구체적인 행동이나 생각 등에 대해 응답할수록 높은 점수를 얻을 수 있다.

⑤ 역할면접

㉠ 면접 방식 및 판단기준

• 면접 방식 : 역할면접 또는 역할연기 면접은 기업 내 발생 가능한 상황에서 부딪히게 되는 문제와 역할을 가상적으로 설정하여 특정 역할을 맡은 사람과 상호작용하고 문제를 해결해 나가도록 하는 방식으로 진행된다. 역할연기 면접에서는 면접관이 직접 역할연기를 하면서 지원자를 관찰하기도 하지만, 역할연기 수행만 전문적으로 하는 사람을 투입할 수도 있다.

• 판단기준 : 대처능력, 대인관계능력, 의사소통능력 등

㉡ 특징 : 역할면접은 실제 상황과 유사한 가상 상황에서의 행동을 관찰함으로서 지원자의 성격이나 대처 행동 등을 관찰할 수 있다.

㉢ 예시 문항 및 준비전략

• 예시 문항

> [금융권 역할면접의 예]
> 당신은 ○○은행의 신입 텔러이다. 사람이 많은 월말 오전 한 할아버지(면접관 또는 역할담당자)께서 ○○은행을 사칭한 보이스피싱으로 500만 원을 피해 보았다며 소란을 일으키고 있다. 실제 업무상황이라고 생각하고 상황에 대처해 보시오.

• 준비전략 : 역할연기 면접에서 측정하는 역량은 주로 갈등의 원인이 되는 문제를 해결 하고 제시된 해결방안을 상대방에게 설득하는 것이다. 따라서 갈등해결, 문제해결, 조정ㆍ통합, 설득력과 같은 역량이 중요시된다. 또한 갈등을 해결하기 위해서 상대방에 대한 이해도 필수적인 요소이므로 고객 지향을 염두에 두고 상황에 맞게 대처해야 한다.

역할면접에서는 변별력을 높이기 위해 면접관이 압박적인 분위기를 조성하는 경우가 많기 때문에 스트레스 상황에서 불안해하지 않고 유연하게 대처할 수 있도록 시간과 노력을 들여 충분히 연습하는 것이 좋다.

면접 이미지 메이킹

(1) 성공적인 이미지 메이킹 포인트

① 복장 및 스타일

㉠ 남성

- **양복** : 양복은 단색으로 하며 넥타이나 셔츠로 포인트를 주는 것이 효과적이다. 짙은 회색이나 감청색이 가장 단정하고 품위 있는 인상을 준다.
- **셔츠** : 흰색이 가장 선호되나 자신의 피부색에 맞추는 것이 좋다. 푸른색이나 베이지색은 산뜻한 느낌을 줄 수 있다. 양복과의 배색도 고려하도록 한다.
- **넥타이** : 의상에 포인트를 줄 수 있는 아이템이지만 너무 화려한 것은 피한다. 지원자의 피부색은 물론, 정장과 셔츠의 색을 고려하며, 체격에 따라 넥타이 폭을 조절하는 것이 좋다.
- **구두 & 양말** : 구두는 검정색이나 짙은 갈색이 어느 양복에나 무난하게 어울리며 깔끔하게 닦아 준비한다. 양말은 정장과 동일한 색상이나 검정색을 착용한다.
- **헤어스타일** : 머리스타일은 단정한 느낌을 주는 짧은 헤어스타일이 좋으며 앞머리가 있다면 이마나 눈썹을 가리지 않는 선에서 정리하는 것이 좋다.

㉡ 여성

- **의상** : 단정한 스커트 투피스 정장이나 슬랙스 슈트가 무난하다. 블랙이나 그레이, 네이비, 브라운 등 차분해 보이는 색상을 선택하는 것이 좋다.
- **소품** : 구두, 핸드백 등은 같은 계열로 코디하는 것이 좋으며 구두는 너무 화려한 디자인이나 굽이 높은 것을 피한다. 스타킹은 의상과 구두에 맞춰 단정한 것으로 선택한다.
- **액세서리** : 액세서리는 너무 크거나 화려한 것은 좋지 않으며 과하게 많이 하는 것도 좋은 인상을 주지 못한다. 착용하지 않거나 작고 깔끔한 디자인으로 포인트를 주는 정도가 적당하다.
- **메이크업** : 화장은 자연스럽고 밝은 이미지를 표현하는 것이 좋으며 진한 색조는 인상이 강해 보일 수 있으므로 피한다.
- **헤어스타일** : 커트나 단발처럼 짧은 머리는 활동적이면서도 단정한 이미지를 줄 수 있도록 정리한다. 긴 머리의 경우 하나로 묶거나 단정한 머리망으로 정리하는 것이 좋으며, 짙은 염색이나 화려한 웨이브는 피한다.

② 인사

　ㄱ 인사의 의미 : 인사는 예의범절의 기본이며 상대방의 마음을 여는 기본적인 행동이라고 할 수 있다. 인사는 처음 만나는 면접관에게 호감을 살 수 있는 가장 쉬운 방법이 될 수 있기도 하지만 제대로 예의를 지키지 않으면 지원자의 인성 전반에 대한 평가로 이어질 수 있으므로 각별히 주의해야 한다.

　ㄴ 인사의 핵심 포인트
- 인사말 : 인사말을 할 때에는 밝고 친근감 있는 목소리로 하며, 자신의 이름과 수험번호 등을 간략하게 소개한다.
- 시선 : 인사는 상대방의 눈을 보며 하는 것이 중요하며 너무 빤히 쳐다본다는 느낌이 들지 않도록 주의한다.
- 표정 : 인사는 마음에서 우러나오는 존경이나 반가움을 표현하고 예의를 차리는 것이므로 살짝 미소를 지으며 하는 것이 좋다.
- 자세 : 인사를 할 때에는 가볍게 목만 숙인다거나 흐트러진 상태에서 인사를 하지 않도록 주의하며 절도 있고 확실하게 하는 것이 좋다.

③ 시선처리와 표정, 목소리

　ㄱ 시선처리와 표정 : 표정은 면접에서 지원자의 첫인상을 결정하는 중요한 요소이다. 얼굴표정은 사람의 감정을 가장 잘 표현할 수 있는 의사소통 도구로 표정 하나로 상대방에게 호감을 주거나, 비호감을 사기도 한다. 호감이 가는 인상의 특징은 부드러운 눈썹, 자연스러운 미간, 적당히 볼록한 광대, 올라간 입 꼬리 등으로 가볍게 미소를 지을 때의 표정과 일치한다. 따라서 면접 중에는 밝은 표정으로 미소를 지어 호감을 형성할 수 있도록 한다. 시선은 면접관과 고르게 맞추되 생기 있는 눈빛을 띄도록 하며, 너무 빤히 쳐다본다는 인상을 주지 않도록 한다.

　ㄴ 목소리 : 면접은 주로 면접관과 지원자의 대화로 이루어지므로 목소리가 미치는 영향이 상당하다. 답변을 할 때에는 부드러우면서도 활기차고 생동감 있는 목소리로 하는 것이 면접관에게 호감을 줄 수 있으며 적당한 제스처가 더해진다면 상승효과를 얻을 수 있다. 그러나 적절한 답변을 하였음에도 불구하고 콧소리나 날카로운 목소리, 자신감 없는 작은 목소리는 답변의 신뢰성을 떨어뜨릴 수 있으므로 주의하도록 한다.

④ 자세

　ㄱ 걷는 자세
- 면접장에 입실할 때에는 상체를 곧게 유지하고 발끝은 평행이 되게 하며 무릎을 스치듯 11자로 걷는다.
- 시선은 정면을 향하고 턱은 가볍게 당기며 어깨나 엉덩이가 흔들리지 않도록 주의한다.
- 발바닥 전체가 닿는 느낌으로 안정감 있게 걸으며 발소리가 나지 않도록 주의한다.
- 보폭은 어깨넓이만큼이 적당하지만, 스커트를 착용했을 경우 보폭을 줄인다.
- 걸을 때도 미소를 유지한다.

ⓛ 서있는 자세

- 몸 전체를 곧게 펴고 가슴을 자연스럽게 내민 후 등과 어깨에 힘을 주지 않는다.
- 정면을 바라본 상태에서 턱을 약간 당기고 아랫배에 힘을 주어 당기며 바르게 선다.
- 양 무릎과 발뒤꿈치는 붙이고 발끝은 11자 또는 V형을 취한다.
- 남성의 경우 팔을 자연스럽게 내리고 양손을 가볍게 쥐어 바지 옆선에 붙이고, 여성의 경우 공수자세를 유지한다.

ⓒ 앉은 자세

- 남성

- 의자 깊숙이 앉고 등받이와 등 사이에 주먹 1개 정도의 간격을 두며 기대듯 앉지 않도록 주의한다. (남녀 공통 사항)
- 무릎 사이에 주먹 2개 정도의 간격을 유지하고 발끝은 11자를 취한다.
- 시선은 정면을 바라보며 턱은 가볍게 당기고 미소를 짓는다. (남녀 공통 사항)
- 양손은 가볍게 주먹을 쥐고 무릎 위에 올려놓는다.
- 앉고 일어날 때에는 자세가 흐트러지지 않도록 주의한다. (남녀 공통 사항)

- 여성

- 스커트를 입었을 경우 왼손으로 뒤쪽 스커트 자락을 누르고 오른손으로 앞쪽 자락을 누르며 의자에 앉는다.
- 무릎은 붙이고 발끝을 가지런히 하며, 다리를 왼쪽으로 비스듬히 기울이면 단정해 보이는 효과가 있다.
- 양손을 모아 무릎 위에 모아 놓으며 스커트를 입었을 경우 스커트 위를 가볍게 누르듯이 올려놓는다.

(2) 면접 예절

① 행동 관련 예절

  ㉠ **지각은 절대금물** : 시간을 지키는 것은 예절의 기본이다. 지각을 할 경우 면접에 응시할 수 없거나, 면접 기회가 주어지더라도 불이익을 받을 가능성이 높아진다. 따라서 면접장소가 결정되면 교통편과 소요시간을 확인하고 가능하다면 사전에 미리 방문해 보는 것도 좋다. 면접 당일에는 서둘러 출발하여 면접 시간 20~30분 전에 도착하여 회사를 둘러보고 환경에 익숙해지는 것도 성공적인 면접을 위한 요령이 될 수 있다.

  ㉡ **면접 대기 시간** : 지원자들은 대부분 면접장에서의 행동과 답변 등으로만 평가를 받는다고 생각하지만 그렇지 않다. 면접관이 아닌 면접진행자 역시 대부분 인사실무자이며 면접관이 면접 후 지원자에 대한 평가에 있어 확신을 위해 면접진행자의 의견을 구한다면 면접진행자의 의견이 당락에 영향을 줄 수 있다. 따라서 면접 대기 시간에도 행동과 말을 조심해야 하며, 면접을 마치고 돌아가는 순간까지도 긴장을 늦춰서는 안 된다. 면접 중 압박적인 질문에 답변을 잘 했지만, 면접장을 나와 흐트러진 모습을 보이거나 욕설을 한다면 면접 탈락의 요인이 될 수 있으므로 주의해야 한다.

  ㉢ **입실 후 태도** : 본인의 차례가 되어 호명되면 또렷하게 대답하고 들어간다. 만약 면접장 문이 닫혀 있다면 상대에게 소리가 들릴 수 있을 정도로 노크를 두세 번 한 후 대답을 듣고 나서 들어가야 한다. 문을 여닫을 때에는 소리가 나지 않게 조용히 하며 공손한 자세로 인사한 후 성명과 수험번호를 말하고 면접관의 지시에 따라 자리에 앉는다. 이 경우 착석하라는 말이 없는데 먼저 의자에 앉으면 무례한 사람으로 보일 수 있으므로 주의한다. 의자에 앉을 때에는 끝에 앉지 말고 무릎 위에 양손을 가지런히 얹는 것이 예절이라고 할 수 있다.

  ㉣ **옷매무새를 자주 고치지 마라.** : 일부 지원자의 경우 옷매무새 또는 헤어스타일을 자주 고치거나 확인하기도 하는데 이러한 모습은 과도하게 긴장한 것 같아 보이거나 면접에 집중하지 못하는 것으로 보일 수 있다. 남성 지원자의 경우 넥타이를 자꾸 고쳐 맨다거나 정장 상의 끝을 너무 자주 만지작거리지 않는다. 여성 지원자는 머리를 계속 쓸어 올리지 않고, 특히 짧은 치마를 입고서 신경이 쓰여 치마를 끌어 내리는 행동은 좋지 않다.

  ㉤ **다리를 떨거나 산만한 시선은 면접 탈락의 지름길** : 자신도 모르게 다리를 떨거나 손가락을 만지는 등의 행동을 하는 지원자가 있는데, 이는 면접관의 주의를 끌 뿐만 아니라 불안하고 산만한 사람이라는 느낌을 주게 된다. 따라서 가능한 한 바른 자세로 앉아 있는 것이 좋다. 또한 면접관과 시선을 맞추지 못하고 여기저기 둘러보는 듯한 산만한 시선은 지원자가 거짓말을 하고 있다고 여겨지거나 신뢰할 수 없는 사람이라고 생각될 수 있다.

② 답변 관련 예절

　㉠ 면접관이나 다른 지원자와 가치 논쟁을 하지 않는다. : 질문을 받고 답변하는 과정에서 면접관 또는 다른 지원자의 의견과 다른 의견이 있을 수 있다. 특히 평소 지원자가 관심이 많은 문제이거나 잘 알고 있는 문제인 경우 자신과 다른 의견에 대해 이의가 있을 수 있다. 하지만 주의할 것은 면접에서 면접관이나 다른 지원자와 가치 논쟁을 할 필요는 없다는 것이며 오히려 불이익을 당할 수도 있다. 정답이 정해져 있지 않은 경우에는 가치관이나 성장배경에 따라 문제를 받아들이는 태도에서 답변까지 충분히 차이가 있을 수 있으므로 굳이 면접관이나 다른 지원자의 가치관을 지적하고 고치려 드는 것은 좋지 않다.

　㉡ 답변은 항상 정직해야 한다. : 면접이라는 것이 아무리 지원자의 장점을 부각시키고 단점을 축소시키는 것이라고 해도 절대로 거짓말을 해서는 안 된다. 거짓말을 하게 되면 지원자는 불안하거나 꺼림칙한 마음이 들게 되어 면접에 집중을 하지 못하게 되고 수많은 지원자를 상대하는 면접관은 그것을 놓치지 않는다. 거짓말은 그 지원자에 대한 신뢰성을 떨어뜨리며 이로 인해 다른 스펙이 아무리 훌륭하다고 해도 채용에서 탈락하게 될 수 있음을 명심하도록 한다.

　㉢ 경력직을 경우 전 직장에 대해 험담하지 않는다. : 지원자가 전 직장에서 무슨 업무를 담당했고 어떤 성과를 올렸는지는 면접관이 관심을 둘 사항일 수 있지만, 이전 직장의 기업문화나 상사들이 어땠는지는 그다지 궁금해 하는 사항이 아니다. 전 직장에 대해 험담을 늘어놓는다든가, 동료와 상사에 대한 악담을 하게 된다면 오히려 지원자에 대한 부정적인 이미지만 심어줄 수 있다. 만약 전 직장에 대한 말을 해야 할 경우가 생긴다면 가능한 한 객관적으로 이야기하는 것이 좋다.

　㉣ 자기 자신이나 배경에 대해 자랑하지 않는다. : 자신의 성취나 부모 형제 등 집안사람들이 사회·경제적으로 어떠한 위치에 있는지에 대한 자랑은 면접관으로 하여금 지원자에 대해 오만한 사람이거나 배경에 의존하려는 나약한 사람이라는 이미지를 갖게 할 수 있다. 따라서 자기 자신이나 배경에 대해 자랑하지 않도록 하고, 자신이 한 일에 대해서 너무 자세하게 얘기하지 않도록 주의해야 한다.

3 면접 질문 및 답변 포인트

(1) 가족 및 대인관계에 관한 질문

① 당신의 가정은 어떤 가정입니까?

면접관들은 지원자의 가정환경과 성장과정을 통해 지원자의 성향을 알고 싶어 이와 같은 질문을 한다. 비록 가정 일과 사회의 일이 완전히 일치하는 것은 아니지만 '가화만사성'이라는 말이 있듯이 가정이 화목해야 사회에서도 화목하게 지낼 수 있기 때문이다. 그러므로 답변 시에는 가족사항을 정확하게 설명하고 집안의 분위기와 특징에 대해 이야기하는 것이 좋다.

② 친구 관계에 대해 말해 보십시오.

지원자의 인간성을 판단하는 질문으로 교우관계를 통해 답변자의 성격과 대인관계능력을 파악할 수 있다. 새로운 환경에 적응을 잘하여 새로운 친구들이 많은 것도 좋지만, 깊고 오래 지속되어온 인간관계를 말하는 것이 더욱 바람직하다.

(2) 성격 및 가치관에 관한 질문

① 당신의 PR포인트를 말해 주십시오.

PR포인트를 말할 때에는 지나치게 겸손한 태도는 좋지 않으며 적극적으로 자기를 주장하는 것이 좋다. 앞으로 입사 후 하게 될 업무와 관련된 자기의 특성을 구체적인 일화를 더하여 이야기하도록 한다.

② 당신의 장·단점을 말해 보십시오.

지원자의 구체적인 장·단점을 알고자 하기 보다는 지원자가 자기 자신에 대해 얼마나 알고 있으며 어느 정도의 객관적인 분석을 하고 있나, 그리고 개선의 노력 등을 시도하는지를 파악하고자 하는 것이다. 따라서 장점을 말할 때는 업무와 관련된 장점을 뒷받침할 수 있는 근거와 함께 제시하며, 단점을 이야기할 때에는 극복을 위한 노력을 반드시 포함해야 한다.

③ 가장 존경하는 사람은 누구입니까?

존경하는 사람을 말하기 위해서는 우선 그 인물에 대해 알아야 한다. 잘 모르는 인물에 대해 존경한다고 말하는 것은 면접관에게 바로 지적당할 수 있으므로, 추상적이라도 좋으니 평소에 존경스럽다고 생각했던 사람에 대해 그 사람의 어떤 점이 좋고 존경스러운지 대답하도록 한다. 또한 자신에게 어떤 영향을 미쳤는지도 언급하면 좋다.

(3) 학교생활에 관한 질문

① 지금까지의 학교생활 중 가장 기억에 남는 일은 무엇입니까?

가급적 직장생활에 도움이 되는 경험을 이야기하는 것이 좋다. 또한 경험만을 간단하게 말하지 말고 그 경험을 통해서 얻을 수 있었던 교훈 등을 예시와 함께 이야기하는 것이 좋으나 너무 상투적인 답변이 되지 않도록 주의해야 한다.

② 성적은 좋은 편이었습니까?

면접관은 이미 서류심사를 통해 지원자의 성적을 알고 있다. 그럼에도 불구하고 이 질문을 하는 것은 지원자가 성적에 대해서 어떻게 인식하느냐를 알고자 하는 것이다. 성적이 나빴던 이유에 대해서 변명하려 하지 말고 담백하게 받아드리고 그것에 대한 개선노력을 했음을 밝히는 것이 적절하다.

(4) 지원동기 및 직업의식에 관한 질문

① 왜 우리 회사를 지원했습니까?

이 질문은 어느 회사나 가장 먼저 물어보고 싶은 것으로 지원자들은 기업의 이념, 대표의 경영능력, 재무 구조, 복리후생 등 외적인 부분을 설명하는 경우가 많다. 이러한 답변도 적절하지만 지원 회사의 주력 상품에 관한 소비자의 인지도, 경쟁사 제품과의 시장점유율을 비교하면서 입사동기를 설명한다면 상당히 주목 받을 수 있을 것이다.

② 만약 이번 채용에 불합격하면 어떻게 하겠습니까?

불합격할 것을 가정하고 회사에 응시하는 지원자는 거의 없을 것이다. 이는 지원자를 궁지로 몰아넣고 어떻게 대응하는지를 살펴보며 입사 의지를 알아보려고 하는 것이다. 이 질문은 너무 깊이 들어가지 말고 침착하게 답변하는 것이 좋다.

③ 당신이 생각하는 바람직한 사원상은 무엇입니까?

직장인으로서 또는 조직의 일원으로서의 자세를 묻는 질문으로 지원하는 회사에서 어떤 인재상을 요구하는 가를 알아두는 것이 좋으며, 평소에 자신의 생각을 미리 정리해 두어 당황하지 않도록 한다.

④ 직무상의 적성과 보수의 많음 중 어느 것을 택하겠습니까?

이런 질문에서 회사 측에서 원하는 답변은 당연히 직무상의 적성에 비중을 둔다는 것이다. 그러나 적성만을 너무 강조하다 보면 오히려 솔직하지 못하다는 인상을 줄 수 있으므로 어느 한 쪽을 너무 강조하거나 경시하는 태도는 바람직하지 못하다.

⑤ 상사와 의견이 다를 때 어떻게 하겠습니까?

과거와 다르게 최근에는 상사의 명령에 무조건 따르겠다는 수동적인 자세는 바람직하지 않다. 회사에서는 때에 따라 자신이 판단하고 행동할 수 있는 직원을 원하기 때문이다. 그러나 지나치게 자신의 의견만을 고집한다면 이는 팀원 간의 불화를 야기할 수 있으며 팀 체제에 악영향을 미칠 수 있으므로 선호하지 않는다는 것에 유념하여 답해야 한다.

⑥ 근무지가 지방인데 근무가 가능합니까?

근무지가 지방 중에서도 특정 지역은 되고 다른 지역은 안 된다는 답변은 바람직하지 않다. 직장에서는 순환 근무라는 것이 있으므로 처음에 지방에서 근무를 시작했다고 해서 계속 지방에만 있는 것은 아님을 유의하고 답변하도록 한다.

(5) 여가 활용에 관한 질문

① 취미가 무엇입니까?

기초적인 질문이지만 특별한 취미가 없는 지원자의 경우 대답이 애매할 수밖에 없다. 그래서 가장 많이 대답하게 되는 것이 독서, 영화감상, 혹은 음악감상 등과 같은 흔한 취미를 말하게 되는데 이런 취미는 면접관의 주의를 끌기 어려우며 설사 정말 위와 같은 취미를 가지고 있다하더라도 제대로 답변하기는 힘든 것이 사실이다. 가능하면 독특한 취미를 말하는 것이 좋으며 이제 막 시작한 것이라도 열의를 가지고 있음을 설명할 수 있으면 그것을 취미로 답변하는 것도 좋다.

(6) 지원자를 당황하게 하는 질문

① 성적이 좋지 않은데 이 정도의 성적으로 우리 회사에 입사할 수 있다고 생각합니까?

비록 자신의 성적이 좋지 않더라도 이미 서류심사에 통과하여 면접에 참여하였다면 기업에서는 지원자의 성적보다 성적 이외의 요소, 즉 성격·열정 등을 높이 평가했다는 것이라고 할 수 있다. 그러나 이런 질문을 받게 되면 지원자는 당황할 수 있으나 주눅 들지 말고 침착하게 대처하는 면모를 보인다면 더 좋은 인상을 남길 수 있다.

② 우리 회사 회장님 함자를 알고 있습니까?

회장이나 사장의 이름을 조사하는 것은 면접일을 통고받았을 때 이미 사전 조사되었어야 하는 사항이다. 단답형으로 이름만 말하기보다는 그 기업에 입사를 희망하는 지원자의 입장에서 답변하는 것이 좋다.

③ 당신은 이 회사에 적합하지 않은 것 같군요.

이 질문은 지원자의 입장에서 상당히 곤혹스러울 수밖에 없다. 질문을 듣는 순간 그렇다면 면접은 왜 참가시킨 것인가 하는 생각이 들 수도 있다. 하지만 당황하거나 흥분하지 말고 침착하게 자신의 어떤 면이 회사에 적당하지 않는지 겸손하게 물어보고 지적당한 부분에 대해서 고치겠다는 의지를 보인다면 오히려 자신의 능력을 어필할 수 있는 기회로 사용할 수도 있다.

④ 다시 공부할 계획이 있습니까?

이 질문은 지원자가 합격하여 직장을 다니다가 공부를 더 하기 위해 회사를 그만 두거나 학습에 더 관심을 두어 일에 대한 능률이 저하될 것을 우려하여 묻는 것이다. 이때에는 당연히 학습보다는 일을 강조해야 하며, 업무 수행에 필요한 학습이라면 업무에 지장이 없는 범위에서 야간학교를 다니거나 회사에서 제공하는 연수 프로그램 등을 활용하겠다고 답변하는 것이 적당하다.

⑤ 지원한 분야가 전공한 분야와 다른데 여기 일을 할 수 있겠습니까?

수험생의 입장에서 본다면 지원한 분야와 전공이 다르지만 서류전형과 필기전형에 합격하여 면접을 보게 된 경우라고 할 수 있다. 이는 결국 해당 회사의 채용 방침상 전공에 크게 영향을 받지 않는다는 것이므로 무엇보다 자신이 전공하지는 않았지만 어떤 업무도 적극적으로 임할 수 있다는 자신감과 능동적인 자세를 보여주도록 노력하는 것이 좋다.

Chapter

02 면접기출

❋ 도로교통공단 면접기출

① 평소 도로교통공단에 대해 알고 있었는지?

② 본인과 불편한 관계인 사람의 유형과 사례를 말해보시오.

③ 공단의 사업 중 관심 깊게 본 사업이 있다면 말해보시오.

④ 도로교통공단은 종종 외국인이 오곤 하는데, 어떻게 응대할 수 있는가?

⑤ 혹시 면허를 땄는지? 그리고 운전면허의 갱신기간을 알고 있는가?

⑥ 도로교통공단에 입사 시 장기적으로 어떠한 목표를 가지고 있는가?

⑦ 도로교통공단의 어느 부서에서 일을 하고 싶은가?

⑧ 도로교통공단과 교통안전공단의 차이점은 무엇인지 말해보시오.

⑨ 대부분 여성 직원이 많은데 이러한 조직문화에 어떻게 조화될 것인지 말해보시오.

⑩ 이곳 말고 목표로 하고 있는 곳이 있다면 어느 곳인지 말해보시오.

⑪ 면허시험제도 중 1종, 2종 대형면허의 차이점에 대해 아는 대로 말해보시오.

⑫ 전공과 도로교통공단과 어떤 관계가 있는지, 만약 입사한다면 전공을 살려 어떠한 일을 할 수 있는지 말해보시오.

⑬ 민원인들을 만나는 직으로 발령이 날 수도 있는데 그렇다면 어떻게 할 것인가요?

⑭ 공공기관 일에 어떤 계기로 관심을 갖게 되었나요?

⑮ 자신의 장점을 말해보세요.

⑯ 가족소개를 해 보세요.

⑰ 우리 면허시험장을 소개해 보세요.

⑱ 시각 장애인에게 파란색을 설명하세요.

⑲ 자신의 능력은 100인데 회사 상사가 200을 원한다면 당신은 어떻게 할 건가요?

⑳ 우리 공단에 지원하게 된 동기는 무엇입니까?

㉑ 학교생활을 하면서 꼴불견인 학생을 본 적이 있나요?

㉒ 고객이 상담 도중 당신 앞에서 욕을 한다면 당신은 어떻게 할 건가요?

㉓ 만약 도로교통공단에 입사하게 된다면 최종적으로 어떤 지위에 오르고 싶은가요?

㉔ 만약 다른 지역으로 발령이 난다면 어떻게 하겠습니까?

㉕ 우리 공단에서 당신을 뽑아야 하는 이유는 무엇입니까?

㉖ 고령화 시대 노인들이 운전하는 것에 대해 당신은 어떻게 생각하나요?

㉗ 회사생활에서 가장 중요한 것은 무엇이라고 생각하나요?

㉘ 기업 이미지 제고 방안과 효과에 대해 설명하시오.

㉙ 개인의 이익과 공공의 이익 중 어느 것이 먼저라고 생각하나요?

㉚ 본인에게 직면한 환경과 가치관이 부딪힐 경우 어떻게 하겠는가?

㉛ 공기업의 사회공헌에 대한 자신의 생각을 말하시오.

㉜ SNS열풍에 대한 견해와 그것들이 우리 사회에 미칠 영향에 대해 설명하시오.

㉝ 본인만의 악성민원 대처법이 있다면 말해보시오.

㉞ 힘들고 어려운 업무가 주어진 경우 어떻게 대처할 것인지 말해보시오.

㉟ 도로교통공단 본사의 위치(주소)를 말해보시오.

㊱ 자신을 발전시키기 위해 필요한 것들을 이야기해 보시오.

㊲ 도로교통공단이 발전하기 위해서는 어떤 행동을 취하는 것이 좋을지 이야기해 보시오.

㊳ 부모님과 함께 살고 있나요?

㊴ 고향이 어디인가요?

㊵ 다른 곳에서 일한 경험이 있나요?

㊶ 자신의 전공과 관련하여 가장 흥미 있게 들은 수업은 무엇인가요?

㊷ 공사와 공단의 차이점에 대해 아는 대로 이야기해 보시오.

㊸ 실제 근무를 3교대로 하게 되면 어떻게 하겠는가?

㊹ 전국에 운전면허시험장이 몇 개가 운영되고 있는지 아는가?

㊺ 도로교통공단이 존재하는 이유는 무엇인가?

가볍게! 빠르게! 확인하는 용어사전 시리즈

시사용어사전 | 경제용어사전 | 부동산용어사전

시사용어사전 1228

매일 접하는 각종 기사와 정보! 공기업/언론사/기업체/공무원 채용을 준비하는 수험생과
현대인이 꼭 알아야 할 최신 시사상식을 쏙쏙 뽑아 이해하기 쉽도록 영역별로 정리

경제용어사전 1050

주요 경제용어는 거의 다 실었다! 금융권/공기업/언론사/기업체/공무원 채용을 준비하기 전에,
경제 공부를 시작하기 전에 읽어보면 경제가 쉬워지도록 사전식으로 구성

부동산용어사전 1310

부동산에 대한 이해를 높이고 부동산의 개발과 활용, 투자 및 부동산 용어 학습에도
적극적으로 이용할 수 있는 교재, 공인중개사 출제용어도 수록